僕が考える投資について

松浦弥太郎

祥伝社

僕が考える投資について

松浦弥太郎

はじめに

二十代や三十代のみなさんは、きっとお金がないことに不安や悩みを持っているかと思います。お金がたくさんあったらどんなにいいのだろう。お金さえあれば、何ひとつ困ることがなく、毎日が楽しいだろうと。

僕も同じでした。お金のためにがむしゃらになって働いた時期がありました。そうして、いくばくかのお金を手にしたとき（といっても大した金額ではありません）、ふと我に帰って思ったこと。それは、睡眠まで削って、休みなく働いたせいか、身体は疲れ、稼ぐことを優先にしていたせいか友人らとの関係も薄くなり、日々の暮らしがひとつも楽しくなかったことでした。しかも、稼いだお金は欲望のはけ口として使ってしまうだけで、想像していたしあわせやよろこびは見つけられませんでした。安らぎや豊かさは、お金では得られなかったのです。

人生のコンセプトはお金持ちになること。果たしてそのための努力や学び、一生懸命に意味や価値はあるのだろうかと疑問を抱きました。自分はどうなりたいのか。何になりたいのか。豊かさとはなんだろう。そのビジョンいわばコンセプトをもう一度考え直したくなったのです。自分は何を目的として生きるのかと。

そうやって考えて気づいたことがあります。少なくともお金が先ではないということです。お金だけがあっても、しあわせもよろこびも手にできないし、お金にこだわればこだわるほどに逆にしあわせやよろこびから遠のいていくと感じました。

お金よりも優先するべきことがある。お金とは増やすものではなく、有意義に使うことである。これが僕のひとつの答えです。

まず考えるべきことは、自分はどんな人間になりたいのか。そのことを深く哲学しなければなりません。そう思ったのです。何になりたいのかではなく、どんな人間になりたいのかを自分なりに言語化し、そのビジョンいわばコンセプトのためには何が必要なのか、何を学ぶべきなのか、どうするべきなのかを考える。これからはそのための人生に投資をしていこう。そう決意しました。

昨今注目されている株や投資信託などへの投資についても、そこに意味がないとはいいませんが、それよりも先にするべき自分の人生に対する投資があるのではないか。投資とはお金を増やすことではなく、先の未来を考えることであるならば、何をどんなふうに、何を大切にし、何を学び、何を求めるべきなのかを、ひとつの投資術としてしっかりと日々の習慣として取り入れていく。

今日という一日は未来につながっています。それならば、自分のビジョンいわばコンセプトに向けて、衣食住・仕事・遊び・学びを、今日、自分はどうするのか。目先のお金のためではなく、まずはそのことについて、生き方としての投資があることを伝えたくてこの本を作りました。

ここに書いたのは、僕が考えるもっともリターンが期待できる生き方としての投資術です。ぜひみなさんの未来に役に立てていただけたら嬉しいです。

松浦弥太郎

第1章　投資の前に考えたい、習慣や学びの話

第2章　投資の前に知っておきたい、お金の話

第3章　仕事で自分の価値を高めるには

第4章　投資を考えるうえで大切にしたい心がけ

本書は、「GOLD PRESS」（三菱マテリアル）での
連載「おかねのきほん」
（2020年1月〜2021年2月掲載）の
一部をもとに新たに加筆・修正・編集したものです。

イラスト　ミヤタタカシ
装丁　櫻井久、中川あゆみ（櫻井事務所）
編集協力　田中裕子（batons）
DTP　キャップス

第1章

投資の前に考えたい、習慣や学びの話

先の未来について考え、行動する

これから、多くの方が関心を持っている投資について、あらためて考えてみようと思います。投資の話というと、ほとんどの人が「お金儲けの話」だと考えるのではないでしょうか。

仕事で得たお金を株式や債券に投資して、資産が増えたり減ったりする。貯金とは別に、老後の備えを蓄えていく。いわゆる、資産形成のための「金融投資」ですね。最近では少額から始められる金融商品も増えたことで、たくさんの投資関連本があふれていますし、「将来のためにみんながすべきこと」として語られることも多くなってきました。

しかし、僕の考える投資の定義は、「お金儲けやお金を増やすこと」とはちょっと違います。

投資とは、「先の未来について考え、行動すること」です。

今、自分が持っているお金や時間、知識や経験を使い、日々の仕事や暮らしにおいてどんな選択をすれば未来をいい状態にできるのかを考える。

これが僕の考える投資です。決して、ただお金を増やせばいいという話ではないのです。


そもそも投資とは、ざっくり言うと「自分が差し出した資産に対して、将来のリターンを見込むこと」です。株式投資の場合、将来的により大きなお金を得ることを期待して、手持ちのお金を差し出します。

僕の考える投資、「先の未来について考え、行動すること」も、本質は同じです。

たとえば、口に入れるものひとつをとっても投資です。

僕たちは毎日、水を飲みます。それは日常のワンシーンであり、ほとんど無意識に行なっていることかもしれません。

しかし、水を飲むことは生命維持を目的とした投資であり、将来的な健康というリターンを目的とした投資でもあるはずです。ですから、「どんな水を、どのくらいの量、どのタイミングで飲んだらいいだろう？　それによって未来の自分はどんな健康状態になるだろう？」と考えれば、さらに優れた投資になるのです。ここで差し出している資産とは、自らの思考。調べる、比べる、考える、決断を下す、といった労力を差し出すことによって、価値の高いリターンを得ようとしているわけです。

同じように、どんな食べ物を、どれくらいの量、どのような調理法で食べたら、未来の自分はどんな健康状態でどんな体型になっているだろうかと考える。これも、立派な投資です。

食に関することだけではありません。運動の習慣や睡眠の取り方、あるいは仕事への取り組み方、人とのコミュニケーションの取り方、そして情報収集の方法、すき間時間の使い方だってそうでしょう。

今のこの選択が、自分の未来にこんなふうにつながるんじゃないかなあと考え、選択していけば、それはすべて投資になるのです。

何も考えずに場当たり的に生きること、「今が楽しければいい」と開き直ることは簡単です。でも、それでは自分の大切な時間やお金を浪費しているだけ。

投資から目を背けていては、いつまで経っても望む未来はやってきません。淡々と投資を積み重ねてきた人とそうでない人とでは、数年後、大きな違いが生まれているのです。

「将来、こんなふうになったらうれしいな」とわくわくするような、自分が望む未来につながる選択肢はどれだろう？

そんなふうに問いかければ、きっと、今選ぶべきものがパッとわかるはず。

落ち着いて、理性的に、コツコツと。それが、未来への投資です。

習慣を守ることが未来をつくる

自分の未来を変えるのは今日の投資であり、それは明日、1週間後、1カ月後と続いていく習慣づくりが基本となります。その習慣を守ろうとする意識や心がけこそが未来をつくる、とも言えるでしょう。

先の未来の自分について考えたり、そうあるための方法を学んだりしていくと、自分なりのいろいろな習慣、もっと言えばルールが生まれていきます。

食生活から生活リズム、時間の使い方や買い物の仕方、余暇の使い方まで。日常のあらゆるシーンでどうあるべきかを考え、「自分の答え」を見つけたら、それをルールや日々のルーティーンに定め、きちんと守っていかなければならないのです。

自分で決めたルールをきちんと守る。

そう聞くと、ストイックで堅苦しい生活を送らなければならないように感じるかもしれません。けれど、未来の自分を考えて「こうしてみよう」と決めたルールを書き出してみると、思いがけず今の自分にとっても心地いいものになっているはずです。「がんばろう」と気負わずとも、少しの心がけで楽しめますし、すっと馴染《なじ》むものに。

僕の場合で言うと、「朝早く起きること」「ラジオを聴きながら1時間走ること」「夕方5時以降は仕事をしないこと」「夕食後にウォーキングすること」などがルーティンになっています。

これらは自分で決めたルールであり、未来への投資であり、毎日を気持ちよく暮らすための習慣でもあるのです。

日々何を意識して生きていくのか

ただし、ひとつだけ気をつけることがあります。習慣やルールはアップデートさせていくべきものだということです。ですから「答え」というより、あくまで「今日時点の、とりあえずの選択」。一度決めたらあとは何も考えずに死ぬまで遂行すればいい、ということではありません。

なぜなら、自分も世の中も日々刻々と変わりつづけるから。昨日の自分より今日の自分のほうが学びや経験、思考を重ねていて、歳も取っていますし、社会状況や科学技術だって刻一刻と変化しつづけています。

そんな変化の中で、もっとよい方法や選択があるのではないかと常に疑いを持つこと。

どうすれば未来へのよりよい投資になるだろうか、優先順位はこのままでいいだろうか、本当にこのやり方で大丈夫だろうかと向き合えば、そこには新しい学びと試行錯誤が生まれます。「やっぱりこうしてみよう」「明日からはこれを試してみよう」の連続になる。

それらをひとつひとつ試して、今の自分にとってはこれが一番よさそうだ、というルールを探っていくのです。

ルールとは、毎日更新するもの。

それくらいの心づもりでいてもいいのかもしれません。

そんなに簡単に変えてしまうルールにどんな意味があるのか、といぶかしく思うかもしれません。それでも、自分の生活に何らかの指針があるのとないのとでは大違いです。ルールとは、日々、自分が何を試し、何を意識して生きていくかということなのですから。

僕自身、昨日までの自分、昨日までに考えた方法をいつも疑っています。「本当にこれがベストかな?」と問いつづけている。

ですから、昨日までこれが正しいと思ってやっていたけれど、やっぱり違ったな、今日からはこうしてみようとルールを変えてしまうことはしょっちゅうあります。自分で決めた習慣を変えていくことへの抵抗はまったくありませんし、むしろ「もっといいやり方を見つけることができた」と楽しくなるのです。

その結果、5年前の自分と今日の自分の考え方やライフスタイルは、ずいぶんと違っています。日々、ちょっとずつの変化を重ねることで、ふと気がついたときには大きく変化しているわけですね。

習慣だけでなく、考え方もよく変えます。「昨日まではこう考えていたけれど、それは自分の勉強が足りなかっただけだ」と気づいたら、素直にすぐにあらためる。

それは勇気のいることではありますが、「昨日と言っていることが違うじゃないか」と文句を言われても、「だって、僕、昨日より成長しているから」と言い返せるのです。

ですから本書でも、「こうしよう」と、ひとつの方法論を押しつけるようなことはしません。

答えは100も200も、1000もあって、唯一の正解というものは存在しないのです。人生にオンリーワンの正解があればラクなのですが、残念ながらそんなものはありません。何時に起きてもいいし、何を食べてもいいし、どんな本を読んでもいい。いくら収入があってもいいし、誰とつき合ってもいい。

大切なのは、自分でその答えを見つけていくことです。

そのときそのときで、「これが正しいだろう」といったん結論づけたら、やってみる。守ってみる。つづけてみる。

それを日々更新していくことでしか、よりよい自分の未来を迎えることはできないのです。

投資は自分をケアすることから始まる

「先の未来について考え、行動すること」が投資だと言いました。投資の対象は、企業の株式といった「自分以外」ではなく、「自分自身」。自分をよく知り、よく考え、未来の自分のために行動するということです。

つまり自分への投資、いわゆる「自己投資」こそが初めにすべき投資であり、最大リターンの投資なのです。資産ではなく自分を大きく成長させていくために、「お金」や「時間」、そして「心遣い」や「労力」をどのように投資していくかを考えていきましょう。

まず、自己管理は最大の投資と言えます。健康で元気で過ごせることが、あらゆる投資の基本です。

巨万の富を得たとしても、病気で寝込んでいたら、それを満足に使うことも叶いません。内から湧き出るエネルギーがなければ、旅に出たいとも思わないでしょう。たとえ仕事で大きなチャンスを与えられても、心身ともに充実していなければいい結果も残せないのです。

僕は健康状態や体力、体型などを含めて、未来の自分がなるべく理想の状態に近づけるよう、毎日自分で生活をコントロールしています。これは「長生きしたい」「若々しくいたい」といった表面的なことに関する願望ではなく、ずっと自分で自分をケアできる状態でいたいということです。

10年後も20年後も現役で働くだけの体力を持っていたいし、毎朝気持ちよく起きて、満足して寝たい。さらに歳を重ねたときにも、自分の足で歩きたいし、自立した生活を送れる自分でいたい。

そんな「望む未来」を描いているのです。

あらゆる自己投資は、「現在の自分の状態を把握すること」から始まります。

たとえば仕事における自己投資も、自分には今どんなスキルが足りていないか、理想の自分になるためには何が必要かを自己分析するところから始まるわけです。ゴール（理想の自分）から逆算して、今日すべきことに落とし込んでいく。国際会議に参加できるようになりたいけれど、今はまだ英語力が日常会話レベルだから、1年間は毎朝1時間オンライン英会話を続けよう、といった話ですね。

食事や運動、睡眠などの健康管理も同じです。

まずは自分の体質、体型を知り、現状を知り、暮らしに関することを学んで、自分の身体《からだ》で試していく。知る、学ぶ、考える、試す、選ぶ――その繰り返ししかありません。自分という対象に詳しくならなければいけません。

株式だって、専門家の話を聴いて、たくさんの本を読んで、刻一刻と変化する市場の流れを注視して、ようやくリターンが得られます。投資対象に詳しくならず、勉強せずにリターンを得られる投資はないのです。

食事の習慣を整える

さて、自己管理の中でもまず考えたいのが、食事です。食事は身体という資本をつくるもので、生活の基礎ともなりますから、いい習慣をつくることがとても大切。何を、いつ、どんなふうに、どれくらい食べるかを自分で決め、それを淡々と守る。そのルーティンは、メンタルも安定させてくれます。

まず、食生活に関する、信頼できる情報を手に入れることが大切です。

専門のお医者さんに相談してもいいでしょうし、図書館に行ってアレルギーや栄養学の本を読んでみるのもいいでしょう。また、食べたものとその日の体調を記録したり、栄養計算をしてくれるアプリなどを活用するのもひとつの手。闇雲《やみくも》に試すのではなく、何らかの科学的・医学的根拠のあるやり方を試すことが大切です。

そして自問自答の中では、「これを食べるとこんな体調になる」とか「夜は何時までに食べ終えると翌朝しんどくない」とか「お米はこんなにいらないなあ」というような、身体の声にしっかりと耳を傾けてみてください。朝晩、体重を量ることも大切です。どんな食生活を送れば身体に負担が少なく、一番元気な状態でいられるか、「とりあえずの答え」を見つけていくのです。今日の一食が何年か後の自分の体調をつくるのですから。

自己管理への投資にも、オンリーワンの正解はありません。人によって体質も生活スタイルも目指す状態も違いますから、ひとつずつ試し、一番心地いい方法を探っていくことでしか答えに辿《たど》り着くことはできないのです。

投資ですから失敗することもあるでしょう。「このやり方ではパフォーマンスが上がらないな」といった反省もあるかもしれません。

でも、「じゃあ、次はこうしてみよう」と失敗を学びへと、すぐに切り替えられるのが自分への投資のいいところです。それに金融投資と違い、ある程度勉強してから始めれば、何かを大きく失うこともないでしょう。

僕はこうした生活にまつわる投資を、30代のころからずっとつづけてきました。ですから食事にしても、睡眠、運動にしても、自分なりに決めている習慣がたくさんあります。旬のものをおいしく食べること、夕食後にウォーキングをすれば調子がいいとか、ひとつずつ見つけてきました。

そのおかげでしょう、年齢と共に多少は集中力や瞬発力が落ちたなあと感じることはありますが、体調の面ではあまり昔と変わらず元気に暮らせていますし、太ったり、疲れて動けなくなったりということもありません。

そして、今日が未来につながっていることを忘れずに、きちんと「未来」を考えていくことで、暮らしがていねいになっていきます。

たとえば『暮しの手帖』の編集長時代、どれだけ忙しい時期でも、仕事に集中している日でも、食べることを疎《おろそ》かにすることだけはありませんでした。一食抜いたり、空腹を満たすだけの食事をすることはなかったのです。

それは、僕の優先順位として、食事よりも仕事が上回ることはなかったから。先の未来の自分のために、そう決めていたからです。健康を損なったら仕事なんてできなくなるのですから、僕にとっては当たり前のことでした。

とはいえ、「絶対にこうしなければならない」とストイックに生きているわけではありません。暮らしの中で「まあ、今日は仕方ないか」とあきらめてしまうこともあります。それでも、日常の「あるべき姿」が定まっていることは、日々の指針になるものです。

ストレスのないやり方で、「食事、睡眠、運動」の自己管理をきちんと考えていきましょう。決して侮ってはいけません。数年後、数十年後の、自分の姿を想像して。

「何を」と「どうやって」はセットで考える

『暮しの手帖』の編集長時代、どれだけ忙しくても、食事を疎かにしなかったと書きましたが、たとえばコンビニのお弁当や適当にすませる食事が悪いと言っているのではありません。決して、コンビニに売っているものが身体に悪いと決めつけているわけではありません。

僕は、単純に旬の食材を買ってきて自分で料理をつくることが楽しいからやっているだけで、そうでもない人や、どうしても自炊がむずかしい、料理をするのが苦痛だと感じる人がコンビニでお弁当やお惣菜を買うのは構わないと考えています。

僕がそんなふうに言うとみなさん意外そうな顔をされるのですが、身体にいいか悪いか左右するのは、そのときのメンタルや食べ方の影響も大きいのです。「何を」食べるか以上に、「どうやって」食べるのか、ということです。

「何を」と、「どうやって」――これはすべての物事において、セットで考えたい問いです。

一般的に、多くの人は「何（具体的なものや行為）」ばかりに注目してしまいます。「野菜を」食べたほうがいい。「お菓子は」減らしたほうがいい。「本を」読んだほうがいい。「テレビは」観ないほうがいい。

このように「何」ばかりに注目すると、わかりやすいのですが、もの選びだけに集中してしまい、どこか極端な意見になってしまうのです。

本当に大事なのは、「何」よりも「どうやって」のほうです。

食事を「どうやって」とるか。本を「どうやって」読むのか。テレビを「どうやって」観るのか。そういうことですね。

たとえば、誰もが一度は「テレビを観るのはよくない」という言葉を耳にしたことがあると思います。しかしながらこれは短絡的というか、僕は「本当にそんな単純なものなのかな？」と思うわけです。もう少し踏み込んで、テレビ番組を「どうやって」観るとよくないのか、逆に「どうやって」観るといいのかを考えたいのです。

「何を＝テレビドラマ」として考えてみましょう。

たしかに、寝転びながら惰性でなんとなくドラマを四六時中流すのは、いい時間の使い方とは言えません。現実逃避や、時間つぶしでしかないでしょう。

一方で、たとえばドラマを一生懸命に観て、主観なり、その分析記事をブログに書いて公開することは、よいアウトプットになるかもしれません。より深く観ようとしますし、人の役にも立ち、そのブログは自分の資産にもなります。

あるいは、真剣にドラマを観ていたら、そこで使われている音楽がすばらしいものだと気づくかもしれません。そして音楽は誰が担当しているのかを調べ、その人の作品を購入し、コンサートに足を運び、あたらしい世界に身を投じていく。もしかしたら自分の一生を変えるような、運命の出会いになってくれるかもしれません。

このように、ドラマを観るにしても、「どうやって」を意識することで浪費と投資、まったく違う行為になりえるわけです。

「何を」だけに注目するのではなく「どうやって」まで考えてルールをつくることで、あらゆる行動を自分の投資にすることができると言えるでしょう。

どれだけ栄養価の高い野菜だって、イライラしながら食べたら栄養にはなりません。

どれだけいいベッドを買っても、ストレスを抱えながら夜を迎えたならいい眠りにはつけません。

どれだけ高級なジムに登録しても、1カ月に1回しか通わないのであれば体調管理はできません。

意識すべきなのは「どうやって」。そこを考えずに物や行為にこだわっても、望む効果は得られないままです。

「何を」だけでなく、「どうやって」を考えることで、仕事においても、暮らしにおいても、はじめてよい投資になるのです。

それが「学び」になるのか考える

ここまで自己管理に関する投資についてお話ししてきましたが、ほかにも大切な投資があります。

それが、「学び」です。学びとは、それまで知らなかったことを知ること。それによって、自分が変化することです。

学びつづけることは人生においてとても大切で、自分を成長させる原動力となります。

ですから何かに取り組むとき、「それは自分の学びになるかどうか」は、僕の判断基準のひとつになっています。

学びは、机に向かう「勉強」だけを指すのではありません。

自分の興味・関心に従って、徹底的にインプットしてみる。いろいろな人と話してみる。行ったことのない場所に足を運んでみる。あたらしい体験をしてみる。休日に美術館まで足を運ぶことも、遠い異国を旅することも、すべては学びにつながるでしょう。好奇心を満たし、「昨日まで知らなかったこと」を吸収しつづけることで、未来が拓《ひら》けるのです。

学ぶ対象は尽きることがありませんが、手早く興味・関心を広げるうえでは新聞を読むことをおすすめします。

いろいろなメディアの中でも、新聞の情報量は圧倒的です。さまざまなテーマが網羅され、社会のあらゆる側面を知ることができるメディアはほかにないでしょう。

ただし、その情報量が心理的なハードルになっているのも間違いありません。隅から隅まで読み尽くすのは、忙しい毎日の中ではむずかしい。

そういうときはまず、見出しだけ拾っていくといいでしょう。見出しを追って、だいたいのテーマや内容を把握しながら、全体に目を配る。

その中で、自分のアンテナに引っかかるテーマが現れるはずです。そうしたら、その本文にも目を通してみる。もっと知りたいと思ったら、情報源を探ってみたり、図書館に行って専門書を読んでみる。

こうして、学びをつないでいくのです。

「学び」は「遊び」になっていく

毎日何かしらの学びを重ねていれば、昨日より今日、今日より明日の自分のほうがたくさんの物事を知っているはずです。毎日少しずつ、賢くなっている。

でも、不思議なことに、知らなかったことを知ると、どんどん知らないことが増えていきます。まだこんなに知らないことがあるのかと驚き、もっと知りたいと強く思うのです。

「もう全部わかった」に辿り着くことはなかなかありません。だからこそ、学びは奥深い。逆に言えば、知らないことを知ろうとしない限り「自分が何を知らないか」にも気付けないのです。

たとえば僕は、30代前半から20年以上、こつこつと日本や世界の歴史を学びつづけています。

歴史はまさにすべてを把握しきることが一生叶わない、学べば学ぶほどに「知らなかった」と「もっと知りたい」が増えていく分野です。

これまで数えきれないくらいたくさんの本を読んだり、詳しい人に話を聴いたりして学びを重ねてきましたが、そのたびにいかに自分が無知であるかを痛感します。毎回、その無知さに打ちのめされてしまうのです。むしろ、打ちのめされたくて学びに興じているような気すらします。

経営者やビジネスリーダーで歴史に学ぶ人が多いのは、人間の営みや心の動きは昔も今も変わらないからでしょう。江戸時代も令和も、ヨーロッパの小国も日本も、人間というものはずっと同じなのです。

たとえば王様がどのような意思決定をしたかとか、ある国はどのような失敗をしたかとか、民衆がどのように歴史を動かしたかとか、あらゆる出来事が仕事や人生の学びにつながっているのでしょうね。

「このことについて学びたい」という強い動機を持ってインプットしていると、だんだん、それは学びを超えて遊びのような感覚になっていくと思います。知らなかったことを知ること、好奇心を満たすことが楽しくてしょうがなくなり、境界がなくなっていくのです。

もっと経済について知りたい、現代アートを学びたい、伝統芸能に詳しくなりたい、最近ニュースで目にするこの企業について調べてみよう……、興味のタネは尽きません。「自分を成長させるには何を学べばいいか」と考えることも必要ですが、こうした純粋な興味・欲求を満たすことが、未来の自分をもっとしあわせにしてくれるのです。

インプットを重ねて発明発見する

ひたすら同じテーマについてインプットしていると、あるとき点と点が線になって「ああ、わかったぞ」という感覚が降りてきます。そうか、○○とはこういうことかと見えてくる。つかんだ本質が、言葉になって湧き出てくるのです。

この「わかった」は、自分だけのもの。自分なりの発見であり、発明です。ここまで辿り着いたら、まぎれもなくいい投資になっていると言えるでしょう。

20代のころ、僕にはとにかく時間があり余っていました。人の役に立てる仕事も大してできない、「高校を中退してアメリカに行っていた」という若造に、声がかかることも少なかったのです。

その状態がつらくてたまらず、時間を埋めるようにしてずっと映画を観たり本を読んだりして過ごしていたのですが、その中でいくつかの「わかった」が降りてきたのです。「映画とは、こういうエンターテインメントなんだな」「古典とはこういう存在なんだな」といった自分なりのひらめきとも言える、発明発見が浮かび、僕はその学びに大きな充実感を得られました。

いやなことを忘れるために膨大な量のインプットをしていたら、それによって自分なりに本質をつかんだ、ということなのでしょう。当時は投資をしている意識はありませんでしたが、間違いなく人生の糧《かて》になっていることは実感できました。

20代で見つけたこの「大量にインプットすると発明発見がある」という「発明」は、今も生きています。

たとえば、ひょんなことからドキュメンタリー映画を撮ることになったとき。

もちろん映画の撮影なんて経験がありませんから、依頼をいただいたときはやや不安もあったのですが、「量を浴びると発明がある」ことを僕は知っていました。だから、まずはたくさんのドキュメンタリー映画を観ることにしたのです。ドキュメンタリー映画の名作から新作まで、数えきれないくらいの本数を手に取り、ひとつひとつじっくりと観ていきました。そうすればいつか、何かしらの発明が得られるはずだ、発見できるはずだと信じながら。

すると、何本目を観たときだったでしょうか、ある瞬間に「ドキュメンタリー映画ってこういうことか！」と「わかった」瞬間がやってきたのです。「こうすればいいんだ」と、ふっと降りてきた。ドキュメンタリー映画とはこういうもので、こういう要素が必要で、こんなふうに伝えればいいのか……。ここまで来たらもう、あとは迷いなく仕事に入ることができます。

伊丹十三《いたみじゅうぞう》さんも初監督映画である『お葬式』を撮ることになったときには、名作と呼ばれる日本映画をすべて観たそうです。その中で、映画をヒットさせる要素「おもしろくて役に立つ」が「わかった」のだそう。まさに発明したと言えるでしょう。

『暮しの手帖』で編集長をしていたときも、雑誌について四六時中考え、生活についてインプットを重ね、学びつづけていたからこそ、あるとき「こういうものが選ばれるのだなあ」とふと「わかった」瞬間がありました。それこそ、学びの蓄積があったからこその発明だったのでしょう。その発明に従って誌面づくりを変えた結果、部数も大きく伸びていったのです。

こうした「わかった」感覚は、あるテーマでインプットするときの僕のひとつのゴールです。

僕はいつも、あたらしいことを学ぶときには、この感覚が得られるまで、浴びるようにインプットします。この自分なりの発明発見は一生もので、自分だけの宝物になるはずです。

これは映画のようなものづくりやクリエイティブな仕事だけでなく、あらゆる仕事の学びに当てはまる感覚だと思います。目的を持ってきちんと投資すれば、どこかのタイミングでひらめきがおとずれるはずです。

徹底的に時間をかけることで、「わかる」瞬間がおとずれる。その自分だけのいわば「成果」は、きっとあなたのオリジナリティとなるはずです。

すてきな人、大人たちから学んだこと

たくさんの人と会い、さまざまな価値観に触れたり知恵や生き方を教えてもらうことも、未来の自分に大きな影響を与える学びです。自分を成長させてくれるものですから、投資と言えるでしょう。

20代のころの僕は、高校中退という学歴に強いコンプレックスを持っていました。学歴も教養も資格もないことに、後ろめたさがあったのです。だからこそ、すてきな人たちからたくさん学びたい、かっこいい大人たちから吸収したいと、いつも考えていました。

そこでどうしたかというと、1日ひとりはあたらしい人と出会おうと決め、実行していたのです。そうすれば1年で365人と知り合うことができますから、365人分の学びを得られるだろうと考えたわけですね。

実際、そうやって自分から働きかけたり紹介してもらうことで大切な友だちができましたし、尊敬する先輩ともたくさん知り合うことができました。知らなかった世界を見せてもらったり、憧れるような生き方を目《ま》の当たりにしたり、お金の使い方を知ったり。もくろみどおり、という言い方が正しいのかどうかわかりませんが、たくさんのことを教えてもらったのです。

さすがに今はもう、「誰でもいいから、ひとりでも多くの人と知り合いたい」とは思いません。それは、自分が何で社会のお役に立てばいいかという、ビジョンが見つかったからでしょう。

当時は自分がどうやって希望を見つけて生きていったらいいのかもわかりませんでしたし、何をすれば周りによろこんでもらえるのかもよくわかっていなかったので、毎日「少しでも必要とされる人間になりたい」と必死だったのです。

もちろん周りの人たちから学ぶことで学歴へのコンプレックスを埋めたい気持ちもありましたし、何より自分にとって大切な価値観を見つけたいという気持ちも強かったように思います。

実際、たくさんの人と会い、言葉を交わすことで、何をかっこいいと思うのか、どう暮らしたいのか、どう生きたいのかといった自分の価値観らしきものがだんだんと見えていきました。それは間違いなく、今の僕のあり方ともつながっています。

当時はよくわかっていなかったけれど、数年、十数年経ってから、「ああ、あの人のあのお金の使い方はすてきだったな」とふと思い出し、そのときの自分に生かすこともままあります。

20代での彼らとの出会いと学びは本当にすばらしい価値があったと、50歳を過ぎた今、あらためて思うのです。

旅も人も大きな学びになる

旅も、僕にとっては「人と出会うため」のものです。いわば、「友だちづくり」の方法のひとつが旅でした。

僕の旅の仕方は、少し変わっているかもしれません。

あたらしい街に行ったら、ガイドブックに載っているような観光名所を回るのではなく、まず生活の拠点をつくります。そしてできるだけ長く逗留《とうりゅう》して、その場所に住む知り合いを増やし、友だちになっていく。彼らからその国のことや街のおもしろいものを教えてもらい、文化に触れ、あたらしい価値観やものの見方をインプットしていくのです。

こうして腰を落ち着けてしばらく暮らしてみることで、観光客と地元民の関係を超えた深いつながりを得ることができます。もちろん僕は現地の言語を操れるわけではありませんが、「仲良くなりたい」というオープンな気持ちさえ持っていれば、カタコトの英語でも不思議とコミュニケーションが取れるものなのです。流ちょうではなくても伝えたいと思えば伝わるものなのだ、という気づきも当時学んだことのひとつかもしれません。

こうして、20代では本当にたくさんの人に出会いました。

会う人会う人、全員が自分より優れていると感じていましたし、かなわないなあ、すてきだなあと、みんなを心から尊敬していました。それぞれに学びがあり、自分がどんどん変わっていくことがわかり、日に日に背が伸びていくような感覚。

今日はどんな人と出会えるんだろう、どんな学びがあるんだろう、どんな成長ができるんだろうかと毎日ワクワクしていて、それが自分でもとてもおもしろかったのです。

自分の得意なことやこれから進むべき道がわからないとき、まずはたくさんの人に会い、友だちになり、尊敬し、たくさんの価値観や人生を知りましょう。そして、素直に吸収し、影響を受けてみましょう。

そんな「人のインプット」が大きな学びとなり、未来の自分を支えてくれるはずです。

20代の投資が生きた30代

20代で浴びるほどインプットした経験は、30代以降、働く自分を大いに助けてくれました。10年近く、ひたすらインプットしてきたものを溜め込んできた引き出しは、気づかないうちにぎゅうぎゅうに詰まっていたのです。

小さな本屋をつくってからも文章を書くことでお金をもらえるようになってからも、その引き出しをまさぐれば伝えたいことはいくらでも出てきましたし、アイデアは泉のように湧き上がってきました。

あの映画のワンシーンから、こんなことを学んだ。かっこいい大人は、こんなお金の使い方をしていた。こんな所作《しょさ》を大切にしていた。あの国には、こんなカルチャーが根付いていた。いい雑誌やいい本とは、こういうものだ。

膨大な学びは知らず知らずのうちにしっかりと身になっていたようで、アウトプットが枯渇することはなかったのです。

当時は、月に15本ほど雑誌の連載を抱えていて、毎日のように締め切りがやってくる生活を送り、満足に休む時間も取れず、インプットする時間が減ってしまっても、「書くことがないぞ。困ったなあ」と思うことなど一度もありませんでした。

30代、40代は、20代のときに想像もしていないような仕事をすることになったわけですが、僕なりに時間をムダに使うことなく学びつづけたことが「自分への投資」となりました。

このうえなく大きなリターンを得られるのが、自分への投資。これは、間違いないと思います。

第2章

投資の前に知っておきたい、お金の話

投資の「元本」、お金の本質

第1章では、「金融商品よりも自分に投資をしよう」というお話をしてきました。お金を増やすのではなく、自分の楽しみ、生きがい、そのベースとなる心身の健康を生み出していく。そんなお話です。

投資の本質は、先の未来を考えること。そのためにはまず自己管理のための習慣をつくる必要があること。自分を成長させる学びに投資する大切さ。自分の興味にも、仕事にも学びが生きてくること。人や旅に教えてもらい、素直に影響を受けること。

これらが自分の望む未来の自分をかたちづくっていくのだということが、わかっていただけたのではないかと思います。

本書では、金融商品への投資について具体的な方法を書くつもりはありません。基本的に、日々、一喜一憂するようなマネーゲームに乗ることには反対なのです。そこにお金や時間を使うのはもったいないことだと感じています。

一攫千金《いっかくせんきん》を狙ったり手や足を動かさずに儲《もう》けることができたとしても、苦労せずに得たお金は人をしあわせにはしてくれませんし、何より自分自身の成長にはつながらないのです。もちろん、プロの投資家にはそれなりの努力と苦労があるのは知っています。しかも、それはほんのわずかな成功者の例だと思います。

では、お金は大事にしなくていいのか。

もちろん、そんなことはありません。生きていくためには最低限のお金は必要ですし、何より「お金」、そして「時間」は、自分への投資の元本——価値を生み出すための元手となる財産——なのです。

まず、お金について考えてみましょう。

そもそも、僕たちにとってお金とはどういう存在なのでしょうか。

これまでお金についてあまり真剣に考えてこなかった方は、「お金とは、ほしいものを手に入れるために必要な道具」としか捉えていないかもしれません。自分の欲求を満たすために必要なものだから、お金が多ければ多いほど自由になれるし、しあわせになれるのだろうと。

しかし、お金とはそんな単純なものではありません。

僕は、お金とは自分の欲望を満たす道具ではなく、「チケット」のようなものだと考えています。何かを手にするときに提示を求められるチケットで、しかもそこには「信用」というスタンプが押されているのです。自分に対する信用に基づいて付与され、その範囲内では自由に使うことができる。それがお金というものです。1000円札には1000円分の信用が、1万円札には1万円分の信用が、紐付けられています。

では、誰から信用スタンプを押してもらっているかと言えば、社会からです。そして誰に対してスタンプが押されているかというと、あなたです。「私たちはあなたのことを信用しましたよ。だから自由に使っていいですよ」と世の中から手渡されたものが、このチケットだと考えてください。

「お金の本質は信用」だとはよく言われることですが、これは「使い方を信用されている」ということ。名優たちに出演オファーが殺到するように、いいお金の使い方をする人には、おのずとお金が集まってきます。

信用を積み重ねる

ですから、「信用スタンプ付きチケット」の使い方は、社会から常にチェックされているると考えていいでしょう。よく考えて使っているか。よき未来のために使っているか。自分のためだけでなく、他者や社会に役立つためにも使っているか。すぐゴミになるものばかりでなく、吟味《ぎんみ》して「もの」を選んでいるか。

これらが「大丈夫」であれば、つまり信用が積み重なれば重なるほど、付与されるチケットの量が増えていきます。10枚が20枚になり、50枚になっていく――お金持ちになるのです。

資産家とは「信用スタンプ付きチケット持ち」のことで、自分自身の研鑽《けんさん》や社会をよりよくするため、あるいは自分の会社の社員のために、手元のチケットを使っている人たちなのです。

逆に、価値の低いものにチケットを使うと、社会からの信用は失われていきます。「この人にお金を預けても、ろくなことに使わないようだ」と判断されたら、渡されるチケットが減らされてしまうのです。

今月は10枚のチケットを渡されたとして、つまらないものや自分の楽しみのためだけに使っていると、社会から「ノー」を突きつけられる。遠くない未来、そのカードは5枚になってしまうでしょう。そのまま使い方を誤りつづけると3枚に減らされ、それでもあらためる姿勢を見せなければ、いずれ0枚になってしまうかもしれません。

社会の目は、とても厳しいものです。それにお金の使い方から人柄が透けて見えますから、ごまかせません。

今、自分がお金を使おうとしている対象は預けられた信用を裏切るものではないか、問いつづけることが求められるのです。

給料の「使い方」を見直す

使い方によって増やされたり減らされたりするのは、あなたが会社からもらう給料も同じです。毎月、決まった日に銀行に振り込まれるチケットをどう使うかで、先々に手にするチケットの枚数が変わってきます。

第1章でお話ししたような日々の自己管理にチケットを使えば、それは毎日の体調にあらわれ、元気に働けるでしょう。

仕事のスキルを磨くことに使えば、パフォーマンスが上がり、成果につながります。

本を読んだり映画を観たりしてインプットすれば、学習意欲が高まったり、もっと社会に貢献しようという意識が生まれるなど、視野も広がるでしょう。

そうした自分の変化は、自然と使い方にあらわれてきます。チケットをいい投資のために使うと、社会から「この人は信用できるな」と判定され、「じゃあ、チケットをもっと渡してみようか」と思われる。そんなイメージです。

ですからお給料が少なくて困っている人は、「稼ぎ方」よりも先に「使い方」を見直すことをおすすめします。毎月、手元に残るわずかなお金をどう使えばいいのか。もっと有意義な使い方はできないものか。どこにお金を投じれば、周囲の人たちとよろこびを分かち合えるのか。そんなふうに考えて、ひとつずつ改善していくことで、社会から預けられるチケットの量も変わってくるはずです。

ただ欲望を満たすために使うことはチケットを捨てることと同じだと心得て、まずは自分に投資していきましょう。

ただしこのチケット、多ければ多いほどいいというものではありません。多く預けられるほど、いい使い方をすることがむずかしくなるのです。

「任せたよ」と渡された大量のチケットを、有意義なものに投資しつづける。社会からのチェックに耐えうる使い方をする。これはなかなかの難題で、常に頭を悩ませる問題ですから、チケットの量に比例してしあわせになれるとは限らないのです。

一般的に言われる「お金持ち」とは社会から預けられたものをよりよく使うことを前

向きに捉え、よろこびを感じられる人たちです。ただ好き放題にお金を浪費できる人のことではなく、社会的な責任を背負っている人たちなのですね。

僕の周りの資産家と呼ばれる人たちも、いつも「どう使うか」を考えています。私欲や「自分だけよければいい」といった考えは持たず、いつもよりよいチケットの使い方を模索している。こういうチケットの使い方をする人が増えることで社会は成長し、発展していくのです。

お金のおもしろいところは、使わなければ価値が生まれないところでしょう。今、あなたのお財布に入っている「チケット」である1万円札は、その時点では1万円の価値はありません。せいぜい、原価20円程度の印刷物です。

けれど、そこから取り出し、何かに使おうとした瞬間、その紙は1万円の価値を持つ「紙幣」となります。

使えば1万円の価値が生まれる。

使わなければ20円の価値しかない。

だからこそ、「どう使うか」が試されるのでしょう。

感動の質量で収入は変わる

そもそも僕たちは、何に対する対価として「信用スタンプ付きチケット」、つまり収入を得ているのでしょうか。なぜ、働くことで、お金を得ることができるのでしょうか。

答えは、「感動を与えているから」です。

収入の方程式は、「感動×感動を与えた人の数」。あなたが「どれだけの感動を、どれだけの人に与えたか」で増えたり減ったりします。その仕事にかけた時間や努力、運などではなく、「すごい」「うれしい」「助かった」「おもしろい」といった感動をどれだけ生み出すことができたかに比例するわけです。

プロのアスリートに何十億もの年俸を支払われるのは、彼らのプレーに感動する人が世界中にいるから。「深い感動×世界中の人」のかけ算が大きいから、たくさんの収入を得ることができるのです。これは、世の中の原理原則のひとつでしょう。

では、アスリートや芸能人のような、華やかな仕事でなければ感動の質量を増やすことはできないのでしょうか。そうではありません。表舞台に立つことがなくとも、目立たなくとも、今の仕事のままでも、人を感動させることはできます。

そのためには、あなたの明日からの働き方を変えること。世の中にではなく、周りに感動を与えることを考えてみるのです。

どれくらいの質量の感動を与えられるかは、仕事の内容だけでなく、どれだけ仕事に真摯《しんし》に取り組むかによっても変わります。ですからまずは、一生懸命に働くのです。

提案やコミュニケーション、作業、接客、商品のクオリティなど一段上の仕事をすることで、それが職場の同僚や仕事相手のクライアント、お客様などに感動を与えることができます。そこで認められれば、転職などしなくともゆくゆくはチケットの量に反映されていくはずです。たとえば、僕も昔、経験したことがあるビルの掃除をする仕事でも、「すばらしくていねいな仕事だ」と感動されれば、目をかけられたり引き抜きにあったりして、いずれ収入も上がっていくでしょう。

今、自分はどれだけの質量の感動を与える仕事をしていて、どれくらいの収入を得ているのか。一度、考えてみてください。こうした世の中の原理原則こそが、「投資」の前に知っておくべき基本なのです。

消費、浪費、貯蓄、投資のバランス

原理原則を知ったところで、具体的に、お金の出納《すいとう》（支出と収入）について考えてみましょう。

会社勤めの場合、毎月、大体決まった給料が入ってきます。フリーランスなどで固定収入がない人でも、向こう数カ月でどれくらいの収入があるかは、なんとなくわかるでしょう。この限られたお金を、どう未来のために投資していくか。これを自分なりに決めていくわけです。

お金の使い方には、4種類あります。

「消費」「浪費」「貯蓄」、そして「投資」です。

消費……家賃や食費、光熱費など、生きるために必要な出費
浪費……無目的に衝動的に使ってしまうこと
貯蓄……貯金
投資……先の未来のことを考えて使うもの

はじめに、「どれだけ投資に使えるか」をはっきりさせる必要があります。毎月の収入から、「消費」「貯蓄」を引いた分が、その月に自分の意思で使える額です。

まずは、「消費」の額をあきらかにしていきます。たとえば毎月20万円の収入があるとして、それに応じてどれだけ「消費」するのが適当かを考えていくのです。

10万円の家賃は払いすぎだから5万円の物件にしよう、食費はこれくらいだろう、消耗品や日用品にはこれくらい必要なんだなと、実際にレシートを集計しながら、数カ月かけて決めていくのです。消費が大きいと思ったら、どこか倹約できる部分がないかを探っていきます。

このプロセスで、毎月必ず出ていくお金を把握できるでしょう。

人によっては、「貯蓄」も必要かもしれません（貯蓄に関しては、次項で詳しく僕の考えを書いていきます）。いざというとき、たとえば働けなくなったときや大きなアクシデントがあったときに困らないだけのお金です。月収の半年分や1年分など自分で目標金額を決め、それが貯まるまでは毎月コツコツ貯めていきます。

そして「収入」－「消費」－「貯蓄」と引いていって残ったお金が、自分の意思で自由に使えるお金です。それを投資するか浪費するかは、あなた次第なのです。

収入を増やしたいとき

投資できるお金を増やしたいと思ったら、「消費」や「貯蓄」を減らします。あるいは、「収入」を増やす必要があるかもしれません。

先に言っておくと、当然、必要な収入は人によって違います。価値観はもちろん、年齢、家族構成、住む場所によっても違うでしょう。

ですから月20万円と月100万円の収入で、後者のほうが多く投資できるというわけではありません。月20万円あれば十分だ、というのであれば、その人にとってはそれが「適正な額」なのです。

それでも、月100万円の収入がほしいと思ったらどうするか。

「なぜなら、こういう理由があるから」としっかり言葉にしてから目指すといいと思います。「なんとなく多いほうがいいから」というのは、ただの欲望です。何に使いたいのか、どんな消費や投資をしたいかが決まっていないと、たとえ月100万円手にできるようになっても、「目標達成」ではなく「目標喪失」で終わってしまうのです。

「なぜ収入を増やしたいのか」が定まったら、ようやく次のステップです。

まずは、現在の20万円から30万円にするためには何をすればいいかを考えます。そして50万円、80万円と昇給するためには自分にどう投資すればいいか、計画を立てていくのです。

ほかの業界に転職しよう。そのためには資格を取らないといけない、それならスクールに通って学ぶ必要がありそうだ、とプランを練る。

今の会社で活躍して昇給したいと考えるのであれば、どうすれば周りに感動を与えられるかを考えるでしょう。英語や会計を勉強してスキルを磨き、貢献できる量を増やす。あるいは特殊な技術を身につけ、重宝がられる人材になる。

こうやって自ら望む未来のために費やすことは、すでに投資と言えます。自らに投資をしながら、投資できる量を増やすため（収入を増やすため）に努力していくわけですね。


ただ、残念ながら、「収入を増やすために何をすべきか」は誰も教えてくれません。誰にも教えることができないのです。教えますよと言う人は、あなたを騙《だま》そうとしているか、商売でやっている可能性が高いでしょう。

自分で考えて、自分で学ぶ。自分でたしかめる。これしかありません。

これが投資の基本なのです。

30代までは貯金より自己投資

入ってくるお金を、どれくらい消費して、どれくらい投資に回すのか。これに絶対の正解はありません。

同じように、貯金も、どれくらいあればいいという正解はありません。ただ、現代社会はいつ何が起きるかわからないもの。収入が途絶えてしまったとき、そのアクシデントをしのぐ資金となり、借金をせずにすむための「備え」として力を発揮する貯金はある程度は持っておいたほうがいい。——これは僕も言ったことがありますし、いろいろなお金の本にも書いてあることです。理想としては、年収の半分くらいの貯金があると安心だと言われます。

30代、つまり39歳までは、そこまで多くの貯金は必要ないのではないかと、僕は考えています。貯金に回さず自分への投資で使いきってしまう。そんな思いきりのよさが自分を大きく育てるのではないでしょうか。

貯金がなくてもいいと言うと極端に聞こえるかもしれませんが、とくに若いうちは貯金するよりも自分への投資に回したほうが、明らかに未来に大きなリターンがあります。元気で体力があり、経験から学んだことを吸収する素直さがあり、集中力や行動力が高く、何より「これから」の時間が長いうちにたくさん自分に投資する。勉強し、体験し、成長したほうが、数年後、数十年後の自分は理想に近づいているでしょう。

ですから、貯金分を投資に回すのは悪くない選択だと思うのです。言ってしまえば、若いうちにできる貯金など、たかがしれているでしょう。自分に投資できたはずのお金を切り詰めて貯めても、あまり意味がない気がします。

たくさん自分に投資した後、40歳くらいからは健康面にも変化が生じてきますから、働けなくなるリスクに備えていきます。こうなったら年収分の金額を目指して、貯金を始めてもよいでしょう。

ただし貯金は、多くなりすぎてもよくありません。貯まりすぎていたら自分にしっかり投資できていないことのあらわれですから、よくチェックしてみてください。

貯金は「あると安心なもの」、つまりあくまで精神安定剤。薬ですから、適量がよいのです。

大切なことですので繰り返しますが、お財布事情や家庭状況によって正解は違います。心配性だからある程度早めに貯金をスタートしておきたいという人も、子どもの教育費をしっかりと貯めておきたいと考える人もいるでしょう。

ただ、いずれにしても、目的なく、貯金を「増やそう」という意識を持つ必要はありません。貯金はあくまで備えとして、どうよりよく投資に使うかを考えていきましょう。

金融商品への投資をすすめない理由

金融投資はあまりおすすめしないと言いましたが、絶対にしないほうがいいというわけではありません。金融や社会、経済の動きを学ぶため、また企業の応援のために株や投資信託にチャレンジするのは悪いことではないでしょう。僕も、人との縁や出会いによって関係性が生まれた企業に対して、自分なりに応援の気持ちを込めて投資していま す。

しかし、「お金を増やす」ことを目的にするのであれば、こうした金融商品への投資はあまりおすすめしません。今言ったように僕は株式投資もしますが、習慣的にチャートを見ることもありませんし、そもそもリターンを得ようなんてちっとも考えていません。さらに言えば、自分から銘柄を選んだことすらないのです。友人に「松浦さん、応援してくれませんか」と頼まれたら「いいですよ」とできる範囲で応じるだけ。本当に、縁だけなのです。

金融投資でお金を増やすためには、とても時間がかかります。基本的なセオリーとして、デイトレーダーなどを目指すのでなければ株や投資信託といった投資は20年後、30年後と長いスパンで考えるものです。

遠い未来を見据えて金融投資にお金を使うために、今を楽しく生きることや近い未来に投資することを放棄するのは本末転倒と言えます。

生活を切り詰めたり、仕事に活きる勉強や興味があることへの学びをあきらめたりして投資一本槍で30年後、40年後に備えたとしても、それはお金だけが増えた状態と言えます。自分自身は、たいして成長していないのです。

しかも、ひと財産築いたころには病気になっている可能性もあるわけで、使うよろこびを感じることができないかもしれないというリスクもあるのです。

それよりも、今からしっかりと自分に投資をして、今と比べてずいぶん成長した数年先の自分に期待したほうがずっと楽しいですし、収入だって確実に増えるでしょう。知らなかったことも、たくさん知ることができます。若くて元気なうちに投資してこそ、さまざまなリターンを得られるのです。株価のチャートを見て一喜一憂している間に、本を1冊読んだほうがずっとリターンがある、ということですね（もちろん、損得勘定で本を読むわけではありませんが）。

お金を増やすことが目的であれば、そしてあなたがまだまだ仕事をがんばろうと思っている年齢であれば、金融投資に目を向けるよりは「働くこと（社会貢献）」について真剣に考えたほうがいいでしょう。

５年後、10年後のキャリアを考えて自分に投資し、それによってスキルを磨き、知識を増やし、考え方も変化させ、楽しみながらあたらしい道を拓いていけることが、もっとも理想的なリターンなのですから。

不安のある時代のお金の使い方

今は高度経済成長期のような勢いのある時代でもなければ、一般的なルートに乗れば安心して寿命をまっとうできる時代でもありません。

そして２０２０年からは、すべての人が等しく、未知のウイルスとの戦いを強《し》いられています。経済的に大変な思いをされている方も、たくさんいらっしゃることでしょう。

そんな不安のあるときこそ、「お金の使い方」がものを言う。僕はそう強く思います。

ここでは、収入が減っているとき、仕事の先行きが不透明になったときについてお話ししましょう。

お金に関して不安になったとき、実際に入ってくるお金が減ったときにどうすればいいかというと、最初に行なうべきことは「倹約」です。切り詰められるもの、もしくはなくてもいいなと思える支出を削っていく。まずは1~2カ月を目安に、自分の生活にかかわる支出をすべて書き出してみましょう。そして、余分に出ていっているお金をせき止めるのです。

といっても、あまりストイックになると、それがストレスを生みますから、「できるだけ削る」という意識で大丈夫です。あらためて支出を書き出すことで、もうすでに現実と向き合うことはできているはず。危機感を持つだけでも日々の意識は変わります。

倹約を始めるときには気をつけていただきたいことがあります。それは決してお金の動きを止めないことです。お金を動かす量を減らしたとしても、その状況におけるベストなお金の「使い方」を見つけること。

つまり、「消費」は適切か、「浪費」していないかをチェックして倹約に努めながら、たとえどれだけ苦しくても「自分への投資」をゼロにしてはならないということです。

振り返ってみると、僕はどんなに収入が少なかったときも自分への投資はつづけていました。旅をつづけ、本を読み、人と出会ってきました。貯金はせずに、投資にすべてを注いで過ごしていたと言っていいかもしれません。その日々が忘れたころに結果としてあらわれ、未来の自分を助けてくれたわけですね。投資のリターンとして自分が成長し、少しずつ、お金で苦労することも減っていったのです。

お金の動かし方とその量を決めたら、今の苦しい状況が1年つづくと想定して、収支はどのようになるのか計算していきます。

生活はやっていけそうか。出ていくお金のほうが多く、赤字になってしまう場合、月々どれくらいマイナスが生じるのか。これまでの貯蓄でカバーできそうか。あるいは所有している金融資産を現金化するのか。この状況は、待てば過ぎるのか、自分で行動を起こして変化を起こさなければならないのか。

こうした問題をひとつずつ、しっかり検討していきます。

この作業は、収入が減ることがわかったら、できるだけ早く取りかかりましょう。わからない未来に備えることは大変ですが、わかっている未来に備えることは簡単です。

数字から逃げずに早めにたしかめることのメリットは、不安にとりつかれずにすむこと。また、傷が浅いうちにすばやく対処できることです。お金の問題は、すぐに病院に行けばあっという間に治ったのに、「きっと大丈夫。なんとかなる」とたかをくくっているうちに重症化してしまう病気と似ています。

こんな時代だからこそ、何か悪いことが起こったときこそ、冷静に、早めに。後手《ごて》にならない。この鉄則を忘れないようにしてください。

お金に好かれるためには

これは僕がずっと伝えていることですが、お金と仲良くなることはとても大切です。お金と仲良くなると、ずっとそばにいてくれる存在、いざというとき味方になってくれる存在になります。

ではどうすればお金に好かれるかというと、お金に人格があったとして「この人、好きだなあ」と思われるように使うことです。つまり、自分が好きな人や好きになってほしい人と接するのと同じように、ていねいに扱っていく。好きな人を邪険に扱わないように、お金を邪険に扱わない。好きな人を大切な誰かと引き合わせるように、お金を大切な何かと引き合わせる。

自分は、お金に感謝されるような使い方ができているだろうかと問いながら、自分の消費や投資について振り返ってみましょう。

また、いつも心配をしてあげることも、お金に好かれるために欠かせません。本当に今の使い方で大丈夫なのか、隅々までたしかめてあげること。放っておかないことです。お金との関係は、人との関係と一緒です。

心配し、用心し、大切にケアしてあげるに越したことはないのです。

お金に好かれるためには、何より仕事にまっすぐ向き合うことです。「信用スタンプ付きチケット」をもらう行為でもある仕事をないがしろにしたり、軽んじたりする人からは、やはりお金は逃げてしまいます。

では、お金といい関係を結べるような仕事をするためには、どうすればいいでしょうか。「情熱」「行動力」、そして「我慢」の3つを身につけることです。

まず、「情熱」。

情熱というと、「燃え上がるような」「制御の利かない」といったイメージがあるかもしれませんが、決して闇雲な感情ではありません。思い描く未来の姿が実現するよう、努力する姿勢のことです。ビジネスで言えば、価値のある大きな成果が出ることに確信を持ち、何があろうとそこに向かって突き進む姿勢そのもののこと。

ビジネスの相手は「どんなアイデアを持っているのですか」「どんなプランを提案してくれるのですか」「われわれには、どんなメリットがありますか」と聞いてくるでしょう。でも、本当に知りたいのはあなたの情熱の質量。何があってもあきらめない。その大きさこそが相手の心を動かし、感動を与えるのです。

情熱とは、未来に向けた「こうありたい」という希望そのものであり、決してあきらめない使命感とも言えます。もし情熱が湧かないとしたら、「こうありたい」という未来の姿がぼんやり曇っているのでしょう。立ち止まって、じっくり考えてみる時間も必要です。

次に、「行動力」。

仕事においてミスやトラブルは日常茶飯事《さはんじ》ですが、うまくいっているときよりうまくいっていないときこそ問われるのが行動力です。

まずはどれだけ早く初動にかかれるか。大きなミスほど落ち込んでしまうものですが、そのときに素早く動けるかどうかで、あとの流れは大きく変わります。

重大なミスであれば、すぐに迷惑をかけてしまった相手のところへ行くことです。まずは顔を見せて、正直に事情を話しましょう。関係者全員が揃ってから、あるいは必要な資料を整えてからと思うかもしれませんが、それはあとでよいのです。謝罪はスーツで行くことがマナーだと言う人もいますが、わざわざ自宅に着替えに戻って遅くなるくらいなら、そのままの格好で十分です。

また、トラブル時だけでなく日頃の仕事の質にも、行動力がかかわってきます。

パソコンの前に座ったまま仕事をすませようとするのではなく、気になることがあれば自分から足を運ぶ、自分の目でたしかめる、自分の口から話す、といった実際の行動が、仕事の質の違いを生みます。

最後に、「我慢」。

その場の衝動や感情に突き動かされてしまわないことです。迷ったとき、困ったとき、怒りの感情を抱えたときほど、ぐっと我慢する力が求められます。

世の中には、あまりに理不尽なことをされた場合は怒ってもいい、席を立ってもいい、それがプライドだと言う人もいますが、僕はそう思いません。それでは自分がすっきりするだけで、仕事の面でいいことは何ひとつないのです。

以前、ある実業家の方に、「経営において一番大事なことは何でしょうか?」と聞いたら、「我慢」という答えが返ってきたことがありました。じつは、そのときはあまりピンときませんでした。失礼ながら、彼の日ごろの仕事ぶりからは我慢する姿が想像できなかったのです。

でも、あとになって、その場にいた人から次のような話を聞きました。

その実業家の方が、顧客からの電話を受けていたときのこと。長々とつづく電話は、いわば筋違いのクレームで、彼は延々と心外な言葉を浴びせられました。でも彼は怒ることなく、反論することなく、静かに顧客の言い分を聞き、ていねいな言葉を返していった。そうして最後まで誠実に対応していたそうです。

僕にその話をしてくれた人は、「よくそこまで我慢できるなあ」と感心したと言っていました。よくぞ反論せずにいられた、自分ならもたない、と思うくらいしつこいやりとりだったそうです。

おそらくその顧客は、言いたいことを言って、話を聞いてもらえて、すっかり満足したでしょう。もしかしたらそのあと、彼の会社の上客になったかもしれません。

我慢とは、忍耐ではなく「がんばり」です。

自分を抑えて耐えるのではなく、ここはちょっと踏ん張っておこうと気持ちを強く持つイメージです。我慢を抑圧だと思わず「努力」だと考えるのが、上手に我慢するコツかもしれません。

また、怒りは6秒経つと消えると言いますから、カッとなりそうなときはゆっくり6秒数えてみるのもいいでしょう。衝動的に怒りに身を任せ、感情を爆発させないことです。


失礼な態度も理不尽なことも、日々を過ごしていれば普通にあることです。もちろんその瞬間は動揺してしまいますが、生きていればこんなことくらいよくあるよ、と自分に言い聞かせてみてください。

がんばってぐっと踏ん張ること、冷静さを取り戻すことが、我慢のコツなのです。


「情熱」「行動力」「我慢」。

これらは、お金といい関係を築き、仲良くなるために欠かせない3要素です。

自分が信じることに向かって突き進む意思を持ち、すばやく動き、がんばり抜くことを、仕事でもお金とのかかわり方でも大切にしたいものです。

「もの」を大切にすること

僕自身、お金に好かれているかどうかはよくわかりません。けれど、少なくとも嫌われないように心がけ、生きています。一生懸命に働いていますし、ムダ遣いはしないように気をつけていますし、欲におぼれないようにと、いつも自分に言い聞かせています。

そして、お金をていねいに扱うようにしています。僕がお金だったら、自分をていねいに扱ってくれる人を好きになるだろうと思うからです。

たとえばお財布を放り出すこともありませんし、お賽銭《さいせん》であっても投げることはありません。なるべく衝撃が少ないよう、優しく落とします。人間が相手に雑に扱われたらいやな気持ちになるように、お金だって適当に扱われたらいやな気持ちになるだろうと考えてのことです。

「もの」に人格があると考えるのは、お金にかぎった話ではありません。僕は、鍵でもメガネでもスマホでも、ポンッと投げたり雑に置いたりすることはないのです（そもそも本当に大切なものしか持っていませんから、粗末に扱わないのですが）。

これはただ好かれたいという気持ちだけではなく、お金に対しても、ものに対しても感謝の気持ちがあるからです。

お金もものも、自分を助けてくれる道具です。自分を成長させてくれるもの。使うときに役に立ってくれるもの。いい思いをさせてくれるもの。だから、日頃から「ありがたいな」という気持ちを持って接するわけです。

これは、子どものときに親に教わったことでもあります。お金を投げたら叱《しか》られましたし、足でまたいだり、ものを雑に扱っても叱られました。

人や食べ物をまたいではいけないのと同じように、床にあるものはまたがず、避けて通ることも教えられました。大切に扱いなさい。感謝していねいに使いなさいと。

その教えがあったからこそ、お金やものとのつき合い方も、自然と心得ていたのかもしれません。

お金と時間をどう投資していくか

「あなたは、自分のお金と時間をどう使いたいと考えていますか？」

僕は、すべての人がこの問いに対して自分なりの答えを持ってほしいと思っています。自分の頭で考えて、自分が納得する答えを持っていてほしい。そしてそれを、どんどんアップデートしてほしいのです。

考えつづけることで、時間もお金も、ちゃんとあなたの味方になってくれるはずです。

お金と時間は、どちらも大切なものです。どちらかだけあればいい、というものではありません。僕たちにとって身近なお金の話からしましたが、「時間をどう使うか」は「お金をどう使うか」とイコールです。

それでもあえて優先順位をつけるとしたら、僕は、時間のほうをずっと大切にしたいと考えています。

入ってくるお金は仕事を一生懸命にがんばれば増やすことができますし、たとえ浪費してしまって幾ばくかの資産を失うことがあっても、またいちから努力したり、資本を運用することで、その分を取り戻すこともできます。

でも、どんな資産家にも時間を増やすことはできません。どんな人にも時間は平等に与えられているもので、一生懸命働いても、ぼんやり過ごしても、増減することはないのです。だらだらとムダな時間を過ごしてしまったとき、どれだけ後悔しても、失った時間を取り戻すことはできません。

明確に、時間は有限です。

だからこそ、僕はお金よりも時間のほうを大切にすべきだと思うのです。自分への投資を考えるうえでは、「何にどれだけの時間を割くか」が鍵となるわけです。

時間に関してまず意識したいのは、「浪費」しないことでしょう。

有限である時間をムダにするなんて非常にもったいないことです。僕はいつも、今は何をすべきか、どう過ごせばよりよい未来につながるのか、できるだけ意識したうえで行動に移すようにしています。

もちろん分単位できっちりと管理しているわけではありませんし、過度にストイックになる必要はありませんが、無意識のうちに時間を捨ててしまわないよう、いつも気にはしているのです。

時間を浪費しないために一番効果的なのは、自分のルーティンをつくることでしょう。僕は365日、ほぼ同じリズムで生活しています。毎朝同じ時間に起きて、同じ時間にごはんを食べて、同じ時間に寝るのです。

生活の中身も、ブレることはあまりありません。早朝に仕事を始めて、夕方5時には切り上げる。アイデアを出す仕事は、午前中に取り組む。夕食は家族と食べて団らんし、食後はウォーキングする。

いろいろ試しながら、自分の頭と身体に相談しながら見つけてきたベストな時間割に沿って、淡々と暮らしています。


ルーティンを守る。

シンプルですが、それによって自分のコンディションをもっともいい状態にキープできるうえに、「ああ、今日はもったいない時間の使い方をしてしまったな」といった後悔を減らすことができるのです。

使わない、やらないことを決める

お金と時間は、いずれも限りがあるものです。ですから、よく考えて投資に回していく必要があります。お金も時間も意識しないとすぐに「浪費」、つまり無目的に、衝動的に使ってしまいがちで、気づけばなくなってしまうからです。

そこで大切なのが、「使わない」「やらない」をはっきり決めることです。お金と時間の賢い使い方を考えるとき、何に使いたいかを考えるよりも、まずは何に使わないかを決めるほうが簡単でしょうから。

「しないこと」を考えることが、いい投資の第一歩。

今、生活の中にある小さなムダ遣いが、塵《ちり》も積もれば山となり、自分にとって途方もない損失になっていくのです。

まず、時間。「時間を何に使うのをやめようか」。そう考えてみると、ふだん自分がなんとなく過ごしている時間や、ムダだとわかっていてもやめられないことが頭に浮かんでくると思います。それを紙に書き出し、心のどこかでこのままではダメだとわかっていながらも「まあ、いいか」とあいまいにしている部分を浮かび上がらせてみるのです。たとえば、ふと時間が空いたときや仕事や家事の合間に、なんとなくスマホを手に取ってしまうこと。SNSを見たり、ゲームをしたりして、とりあえず時間をつぶしてしまうと、あっという間に30分も1時間も経っていることでしょう。現代において、そんな人は少なくないはずです。

けれどもし、「はっきりとした目的がないときにはスマホを使わない」と決めていれば、どうでしょうか。

今まで浪費していた30分で、本を読むとか、散歩をして身体を動かすとか、久しぶりの友人に手紙を書くとか、料理の下ごしらえをするとか、さまざまな使い方ができるのです。自分なりに、「価値があったな」と満足できる、充実した時間になるでしょう。

また、お金に関して言えば、「衝動買いはしない」と決めてみると、買い物でのお金の使い方も変わるでしょう。街でふと見かけて「いいなあ」と手に取っても、「いやいや、今日は買うつもりじゃなかったから、家に帰って検討しよう」と落ち着いて棚に戻せるのです。

「使わない」「やらない」の例はたくさんあります。

接待ゴルフ、目的のない会食、カラオケ、ジャンクフード、スマホでのゲーム、パチンコなどのギャンブル、SNS、動画の視聴、ボトル入り飲料水、まとめ買い。etc……。

今、あなたの頭の中にも、さまざまな「あれは浪費だな」「明日からやめてみよう」というものが浮かんでいるかもしれません。ちょっとした罪悪感や、「時間を有意義に使えなかったな」と思うような惰性や習慣を思いきってやめてみることで、使えるお金や時間が増えるでしょう。

とはいえ、「やめることリスト」をつくる必要はありませんし、自分に厳しすぎる必要もありません。お金と時間、それぞれ2つ、3つくらいでしょうか。

少しずつやめてみて、達成できたらまた増やしてみる、くらいでいいでしょう。

僕たちは人間ですから、完璧ではありません。「使わない」「やらない」と決めても、使ってしまったり、やってしまったりすることは当然あります。

それでも一度、自分なりに「使わない」「やらない」を意識するだけで、自分を抑える力になる。お金と時間のムダ遣いは減っていくはずです。

ただ、「気をつけるべきとき」というのがあります。それはお金や時間がふいに余ったときです。「少し余裕があるし、ちょっとくらい、いっか」と油断が生まれてしまうんですね。

余るというのは、宝くじに当たってたくさんのお金を手に入れたとか、長期休暇で時間が余ったといった大きな話ではなく、なくても困らない1000円が財布に入っているとか10分のすき間時間ができたとか、それくらいの小さな余裕です。

「使わない」「やらない」と一度決めたら、自分でルールを変えるまでは守りきる。

それくらいの気持ちが必要かもしれません。

時間をコントロールして生きる

僕は常々、自分自身で時間をコントロールして生きていきたいと思っています。自分の意思で、思うように使える時間を増やしたいと。他人や「すべきこと」にコントロールされる時間を減らしていきたい、と言い換えてもいいでしょう。

僕は時間を「自由にできるもの」として扱いたいと思っていて、今もその状態を目指している途上にいます。

もちろん会社などで働いていると100パーセントそうすることは難しいのですが、少なくとも自分の時間だけは、何かに翻弄《ほんろう》されたり、気がついたら浪費していたりということがないように意識しています。今、完全に自由にできているのは、だいたい1日の半分程度の時間でしょうか。

何にどれだけ使ってもいい自由な時間を得たら、僕はなるべく「投資」に充《あ》てるようにしています。そのとき興味のあることに没頭したり、気になっているテーマについて考えごとをしたり、あたらしく挑戦する分野について勉強したり——未来のための経験などに時間を投じるのです。

なぜ、自由な時間を投資に使うか。自分の財布からお金を出して使うときに、「自腹を切る」と言いますね。自分が働いて得た大切なお金を使うことで、誰かに払ってもらうよりも血肉になることはたくさんありますから、自腹を切ることは大切です。たとえば学びのための本を買うときも、会社の経費ではなく、自分のお財布から出したほうが身になるものです。

時間も同じです。これは自分でコントロールしている時間なんだ、誰に言われてやっているわけではないんだと意識しながら使うことで、よりたくさんのものを得られるように感じるのです。

ちなみに、目的のない、快楽のためだけに時間を過ごすことは、自由なようでいて未来の自分を縛る、時間の「浪費」。ほかの人にコントロールされたり、すべき作業に追いたてられる時間は、「消費」でしょう。

自分の意思でコントロールできる時間を、少しずつ増やしてみる意識を持ってみてください。確保した時間を、何に投資するかを考える。その自由な時間で打ち込んだことが将来、大きな「リターン」となるのです。

アメリカで身につけた時間とお金の使い方

お金と時間の使い方について考え、しっかりと身についたのは、若い頃にひとりでアメリカに渡ったときでした。

当時の僕は本当にお金がなかったので、1日に2、3回は財布の中に入っている現金を確認し、残りはこれくらいか、今これに使っても大丈夫だろうか、と悩む日々を送っていました。

もちろんクレジットカードなんて持っていません。お金を借りるあてもありません。帰りの飛行機のチケットはあらかじめ買っていたとはいえ、持ち金がゼロになってしまったら空港に行くこともできませんから、その交通費となる20ドルだけは死守しながら、残りをどう使うかを一生懸命に考えていたのです。

考えなければならないのは、今日のお金の使い方だけではありません。2週間後、1

カ月後、帰国までの予測も立てて計算しました。あといくらしかない。これに使ったら残りいくらになる。こうしたらお金を得ることができるんじゃないか。とにかく、思いを巡らせました。あのときほど真剣にお金について考えたことはなかったでしょう。

そうしてお金と向き合ううちに、だんだんと、自分が今お金について考えていることは「時間をどう使うか」を考えることとイコールだとわかっていったのです。

1セントたりともムダに使わないことは、1秒たりともムダに使わないことなんじゃないか。

お金を増やそうと思ったら、まず、そのために何に時間を費やすかを考えないといけないんじゃないか。

そんなことを自然と「発見」できたわけです。

こうして自分なりに答えを見つけてからは、お金よりも先に、まず「時間をどう使うか」について考えるようになりました。少しでも空き時間があったらすてきなものを探したり、人と出会ったり、勉強したりして有効に使おうと決めたのです。

そして毎日、朝起きるとまず、「今日はこれとこれとこれをしよう」と時間の使い方について計画を立てるようになりました。そして、当日のスケジュールと合わせてお金をどう使うかも決めていきました。あそこに行くためにはいくら必要だ、だから今日のお昼ご飯はいくらまでだなあと、行動に沿って計算していったのです。

また、あと何週間ここにいる予定だからその間にこういうことができるだろう、こんな人と知り合ってこんな関係ができるだろう、こんなものを見つけるためにあそこに足を運んでみようと、帰国までの時間の使い方についても計画を立てていきました。

当時は「投資」という言葉を意識していたわけではありません。でも振り返ってみると、僕が考えていたことは「このままで終わらせないためには、まず時間とお金を有効に使わないと」ということだったのです。

また、短期的に見たらぜいたくや浪費に見えても、それが自分にとって投資となるなら思いきって使う意識も大切だ、と学んだのもアメリカ滞在中でした。

アメリカでは、基本的にホテルとも言えない安宿に泊まっていました。トイレもシャワーも、エアコンもついていないような貧相な宿です。食事も、安いジャンクフードばかりでした。なるべく支出を抑えるために、そうした選択しかできなかったのです。

ただ、そんな旅でも、ちゃんとした宿に泊まる日も何回かありました。それが、体調不良のときや疲れきったときです。

なんだか具合が悪いなあ、ここで無理をしたら数日引きずってしまいそうだと判断したら、思いきって郊外のB&Bなどに泊まるのです。自然に囲まれた清潔な部屋で、シャワーで身体を清めながら思いきりリラックスして、ゆっくり身体を休める。そんなふうに休息をとって元気になったらまた安宿に戻って、活動を始めます。

また、身体に優しいものを食べたほうがいいと感じたときは、ちゃんとしたスーパーでお米や野菜を買い、とろとろに煮込んだおかゆを作ってみたりもしました。なけなしのお金だけど、出費は大きくても身体を労《いたわ》ることを優先したのです。

どうしてそうしたかというと、体調を大きく崩してしまったら、回復するまで数日つぶすことになると考えたから。お金より時間を大切にした、と言えるでしょう。

アメリカでの生活は、限られたお金と時間をどう使うか、どう優先順位をつければいいかの、とてもいいトレーニングになりました。

しかしこれは決して、海外での生活という特殊な状況だけに当てはまるわけではありません。

「帰国までの間、限られたお金と時間をどう使うか」は、「死ぬまでの間、限られたお金と時間をどう使うか」と同じだからです。

いわば死ぬまでの縮小版をアメリカで経験したからこそ、僕はこうして日本でも、何歳になっても、お金と時間について真剣に考えているのです。

第3章

仕事で自分の価値を高めるには

使いっぱしりとして役に立てることを

「お金に好かれるためには、何より仕事にまっすぐ向き合うべきである」

「仕事をないがしろにしたり軽んじたりする人からは、お金が逃げてしまう」

第2章でも書いたとおり、お金と仕事は切っても切れない関係にあります。「信用スタンプ付きチケット」を誰よりも多くもらうためには、その信用に足るだけの仕事をしないといけませんし、そこでの働きぶりや、手渡されたチケットをどのように使うか（投資するか）によって、先々にもらえるチケットの枚数（収入）が変わってきます。

仕事とお金、また仕事と「どれだけ投資できるか」は、密接にかかわっているのです。

それでは、どうすれば社会に信用されるような働き方ができるのか。働く自分を高めるためには、どんな投資をすればいいのか。この章では、そんなお話をしていきたいと思います。

仕事の基本は、社会や誰かの「お役に立つこと」です。僕はこの先、できる限り長く働きつづけたいと考えていますが、それは、「できる限り長い間、世の中に貢献して生きていたいから」にほかなりません。

これは、社会に出た10代後半からずっと変わっていない、純粋な気持ちです。

僕は本当に、何も持っていない若者でした。お金はもちろんのこと、コネも実績も夢も資格も、これといって光る才能もありませんでした。

なかでも一番足りなかったのは、「学歴」という、社会を渡るうえで大きな威力を発揮するパスです。中学校もろくに通わず、高校には進学したものの挫折してしまい、「自分はここにいても意味がない」と、あっさり中退してしまいました。

17歳。周りに「最終学歴・中学校卒業」の知り合いなんて、ひとりもいません。まさに身ひとつで、その後どう生きていくかはあまり考えないまま、ある意味守られた「学生」という身分を捨てて社会に飛び出したのです。

両親は、もし高校を辞めるならその後は自己責任でやりなさい、というスタンスでした。ですから、生きていくためには仕事を得て、自分で収入を得る必要があったのです。

とはいえ、何のスキルもない中卒の少年には、当然、職業をえり好みする余地などありません。日雇い労働者の募集を見ては現場に足を運び、「きみ、今日から働く?」と言われたらそのまま働かせてもらう。それしか選択肢がなかったのです。

僕が若いころの日本、とくに東京は、もしかしたら今よりもさらに激しい学歴社会だったかもしれません。大学を出ているかどうか、どのレベルの学校を出ているかによって社会のヒエラルキー（階層）がつくられていることは、10代の僕でもすぐに理解できました。中卒の自分は「松浦弥太郎」という名前ではなく、「おい、おまえ」と呼ばれる世界。

でも、僕は「ここで働くか?」と言ってくれたすべての現場で、一生懸命に働きました。ただ仕事があることがありがたくて仕方なかったのです。なぜなら、お金をいただけることはもちろん、自分を必要としてもらえているということですから。

これで人のお役に立てる、社会に参加できるということが、純粋にうれしかった。今の自分にはこれしかないんだと藁《わら》にもすがる思いで、手を抜かず、全力で仕事に打ち込みました。

それだけではありません。僕は、与えられた仕事をこなすだけでは満足できず、どうやったらもっとここでお役に立てるだろうかと必死で考えました。

どうすれば目の前にいる人たちによろこんでいただけるだろうかと、プラスアルファの働き方を意識したのです。


たとえば、工事現場で働いていたときは、課せられた作業員としての仕事を完璧にこなすのは当たり前として、僕は現場をきれいに保つことも自分の仕事だと考え、実行していました。ゴミが落ちていたらすかさず拾う。道具の整理整頓に努める。ほこりやおがくずが目に入れば、すぐにホウキで掃く。

そんなふうに周りをよく見て手を動かしつづけた結果、「あいつがいる現場はきれいで仕事がしやすい」と評判が立ち、重宝されるようになりました。それでいろいろな現場に呼んでいただけましたし、どこへ行ってもとてもかわいがってもらえました。

また、僕は多くの現場で最年少だったため「コーヒー買ってこい」とお使いを言い渡されることが多かったのですが、ほかの若手がいやいや歩いて買いに行くところを「はい!」とよろこんで走っていきました。すると「あいつに頼むと戻りも早いし、態度が気持ちいい」と評価されるようになり、また、たくさんの現場に声をかけられたわけです。

学歴がないことにコンプレックスを抱えていた僕は、認めてほしい、必要とされたいという気持ちや「これからの人生、どうやって生きていけばいいんだろう」という漠然とした不安を抱えていました。

だからこそ、「誰よりも優秀な使いっぱしりになる」と決めたのです。今は何者でもない自分だけれど、使いっぱしりの世界だったら——つまり何かを頼まれて、その仕事のために誰よりも手足を動かすことで、期待以上のアウトプットを出せる仕事なら——もしかしたら一番になれるかもしれないぞと考えて。

今もそのスタンスは変わっていません。ありがたいことにこれまでたくさんの企業と仕事をしてきましたが、当時と変わらず、「使いっぱしりとしてお役に立とう」という気持ちです。最近では「取締役」といった立派な肩書きがつくこともありますが、正直、それ自体にあまり価値を感じていません。

あくまで自分は使いっぱしりなんだ、えらくもなんともないんだ、お仕事をいただいているんだという意識がずっとあります。

僕は、何かのプロだと自称しているわけではありませんし、ある仕事が飛び抜けて得意というわけでもありません。

でも、使いっぱしりとしては割と優秀なんじゃないか、と自負しています。ですからどんな仕事でも、「どうぞ松浦弥太郎を使ってやってください」というふうに考えています。

そしてお願いされたことや頼まれたこと、期待されたことには120パーセントでお返ししようと決めているのです。それでよろこんでいただけたらとてもしあわせです。工事現場をきれいにしていたときのように。


仕事とは、だれかのお役に立つこと。困っている人を助けること。そう心がけてきたからこそ、どんどん仕事がつながっていったのです（ですから、お金のために働いてるようなニュアンスの「稼ぐ」は嫌いな言葉のひとつです）。

まずは、目の前の人の期待を、いい方向に裏切ってみてください。驚かせてみる。よろこばせてみる。

すべての仕事は、そこから始まるのです。

「職業　自分」でいるために

初めてお仕事をするときなど、肩書きを確認されることがあります。そういうときはたいてい「エッセイスト」や「文筆家」と答えるのですが、心の中ではそっと「松浦弥太郎です」と答えています。

僕は、「職業　松浦弥太郎」でありたいと思っているのです。

肩書きが自分の名前なんておかしい、と思われるかもしれませんが、これは「オンリーワンの仕事をしていることを証明したい」ということとイコールです。

仕事において、ある分野のプロ、あるいは特定の役割を担う存在ではなく、ひとりの人間としてありつづけたいと僕は考えています。要は、「文筆家」というより「松浦弥太郎」としてお役に立って生きていきたいと。

たとえば、自己紹介で「プログラマーです」と名乗れば、当然「プログラムを作成する人」だと認識されます。それは間違ってはいないかもしれませんが、ある種、認識の枠ができてしまうのです。極端な話ですが、「職業 プログラマー」の人に消費財開発のような仕事は振ってこないでしょう。

「営業」「経理」「編集者」などもすべて同じで、あらゆる肩書きが「この人はこういう仕事をする人」と規定します。それはプロフェッショナルであることを証明する一方で、可能性を閉じてしまうことでもあるわけです。

僕は自分で自分の枠を意識したこともありませんし、特定の仕事だけを突き詰めていこうとも考えていません。強いて言うなら、自分がどう感じたか、どう考えたかといった「松浦弥太郎のフィルター」を通してあたらしい価値を見つけていきたい、といったところでしょうか。

それは「職業 松浦弥太郎」ということで、つまりは肩書きに縛られずに生きていきたいんですね。

さて、「職業 自分」でいるためには、そんな自分を求めてくれる人がいることが欠かせません。ひとりでは、「職業　自分」になれないのです。

そして、そんなお声がけは過去の行動や仕事が運んできてくれるものです。

僕の場合で言うと、書店経営や雑誌の編集長、執筆活動、商品開発、経営者、企業のアドバイザー、最近では映画監督など、幅広く仕事をしてきました。そのどれもが、以前かかわった仕事が誰かのお役に立ち、よろこんでいただけたからこそ生まれた仕事です。

「あのときいい仕事をした松浦弥太郎に、これをやらせてみよう」と声がかかり、経験のない仕事でも期待して任せていただけた。だから、どんな肩書きもフィットしないくらい、いろいろな仕事にかかわることができたのです。

これは、目の前の仕事に自分を投資することで、次の仕事という大きなリターンをいただけたと言い換えることもできます。


仕事に打ち込み、自分を投資することで得られるリターンは、次の仕事です。

お役に立つ。自分の個性や色が評価され、あたらしい仕事を任される。この流れを繰り返すことで、「職業　自分」という領域に行くことができるのです。

だからこそ、僕は「もっと立派な肩書きがほしい」という野心を持ち合わせていないのでしょう。ただ「松浦弥太郎」として必死に働いてきたからこそ、おもしろい仕事や、すてきな人々に巡り会えたのですから。

「職業　自分」は、僕のようにフリーランスで仕事をしている人や表現活動をしている人だけの話ではありません。企業に勤めている人も、「職業　自分」を意識することでさらにいい仕事に巡り会うことができるはずです。

少し前までの社会には、みんな横並びで同じように生きるべきだ、出る杭《くい》になってはいけないという雰囲気がありましたが、今はそれぞれのカラーを出し、肩書きに頼らず、自分の名前で仕事をしようという時代になっています。

個性や尖《とが》った能力が評価されるようにもなっていますし、「あの仕事をしたあの人に任せてみよう」とバイネーム（名指し）で任されることも多いでしょう。

「そんな生き方、自分には関係ない」と思い込まずに、顔を上げて周りを見渡してみてください。「職業　自分」を目指して仕事に挑戦している人たちはたくさんいますし、自分もできそうだと思えるフィールドがきっと見つかるはずです。

失敗は必然、成功は偶然

失敗は必然によるもので、成功は偶然の産物だと僕は考えています。失敗とは、すべくしてするものなのです。仕事においては、こうして「必然的に生まれる失敗」を徹底的に減らしていくことが大切です。

僕も若いころは、たくさんの失敗を重ねてきました。

身体を壊してしまった。前日に夜遅くまで働きすぎて朝寝坊してしまった。スケジュールを詰め込みすぎて、大切な案件のスケジュールを遅らせてしまった。自分にはできると過信したけれど、仕事のクオリティが下がっていた……。

もう、数えきれないほどです。20代、30代のころは、成功より失敗の数のほうが多かったような気すらします。

けれどそうやって失敗を繰り返す中で、失敗のパターンがつかめてきました。身体への投資を考えず、がむしゃらに働いたらダメなんだな。冷静に自分のキャパシティを把握しないといけないんだな。自分を過信してはいけない。仕事の進捗《しんちょく》を甘く見積もると迷惑をかけてしまうんだな。

そんなふうに、自分なりの法則がひとつずつクリアになっていったのです。

失敗したときは、「失敗しっぱなし」にしないことが大切です。失敗は必然ですから、ちゃんと理由があります。その理由を分析し、自らの糧とすることで、次の失敗は減らすことができます。一度ではむずかしいかもしれませんが、何度か失敗を繰り返すことでそのパターンをインプットし、事前に避けられるようになる。ちゃんと反省して、失敗の理由を考えて、細心の注意を払うことで、だんだんと同じ理由の失敗が減っていくのです。失敗するほどに、将来また失敗する確率が減っていくとも言えるでしょう。

ですから20代、30代はがむしゃらに挑戦して失敗をたくさん重ねるのも悪いことではないと、僕は思います。それもまた、ひとつの投資です。

もちろん何歳になっても、あたらしい仕事に挑戦したら、あたらしい理由によるあたらしい失敗をしでかすでしょう。でも、それでいいのです。同じように、失敗パターンを避けて、ミスを繰り返さないようにすればいいだけなのですから。

失敗を経験し、克服していく。チャレンジを続けて、こうした成長も、仕事の楽しさのひとつなのです。

「おろおろ」できる仕事は自分への投資になる

50代になって、「これからの人生で使える時間」を真剣に考えるようになりました。その結果、というわけではないのですが、自分から積極的に仕事を増やそうと動くことはほとんどなくなったように思います（もともとビジネスで大成功しようという向上心は持っていませんでしたが）。

今は、意識しないとすぐに仕事が100パーセントの生活になってしまうところを、母の介護もあり、仕事50パーセント、プライベート50パーセントくらいのバランスでやっていけないかと試行錯誤しているところです。

フリーランスの立場で、自分からは営業活動や発信をせずにどのように仕事をしているのだろうと思われるかもしれませんが、僕の場合、今やほとんどの仕事が「縁」で回っています。あるいは、「情」とも言えるかもしれません。

要は、あたらしい仕事を始めるときはたいてい、「この人にここまで頼まれたんだから引き受けよう」と決めているんですね。この人の役に立ちたい。この人のよろこぶ顔が見たい。この人に褒められたい。「使いっぱしりマインド」で、「では、やりましょう」と答えている。そんな仕事ばかりなのです。


こうして「縁」や「情」をきっかけにあたらしく仕事をスタートさせる僕ですが、仕事をお受けするときにひとつだけ自分に問うていることがあります。

それが、「お役に立ったうえで、〝自分は〟何が学べるだろうか?」。

この仕事でどんなことを学べるか、どのような成長ができるかを想像し、そんな未来の自分をおもしろがることができたらお受けするのです。言い換えれば、まだ知らない要素や経験したことのない要素がなければ、その仕事を引き受けることはありません。

僕はいつも「おろおろ」していたいのです。
仕事を受けるかどうかの基準は、「縁」や「情」があることと、「どれだけ自分が困っておろおろできるか」。報酬面の条件やその企業の知名度などではなく、これだけが僕の指針です。

「おろおろ」とは、初めてのことに出会い、向き合い、どうしたらいいかわからない困った状態をあらわしています。

たとえば、『暮しの手帖』の編集長になったときは、編集長どころか編集自体初めてのことでしたから、僕は雑誌づくりの「言葉＝編集用語」すら、ほとんどわかりませんでした。印刷所とのやりとりも、流通の仕組みもよくわからない。いちいち「これはどういう意味ですか？」と社員に聞いて回り、ひとつずつ理解していくような状態でした。どのようにして雑誌をつくればいいのか、たくさんの人に頭を下げて教えてもらいました。

そうして助けてもらい、ひとつずつ理解して、覚えて、少しずつ仕事ができるようになる。業務をスムーズに回せるようになり、だんだんと自分の色を出せるようになっていったのです。

『暮しの手帖』を経て、ＩＴ企業に移ったときも同じです。プログラミングもテクノロジーもほとんどわからない状態での転職でしたから、やはりはじめは相当「おろおろ」しました。でも、人に聞いたり自分で勉強したりするうちにだんだんと「わかる」ようになった。自分の血肉となっていきました。

おろおろする自分が、ずっとそのままということはありません。学ぼうという意識を持ち一生懸命に勉強すれば、人は何歳になっても成長しますし、必ず「おろおろ」が消えるタイミングがやってきます。

そうしておろおろしなくなったとき、教えてもらったことへの恩返しが始まります。その恩返しこそ、仕事で成果を出す、ということなのです。

おろおろしているときは、心の身長が伸びているとき、成長しているときです。

ですから僕は、「おろおろしないだろうな」と思う仕事、つまり、すでに経験したことがあって「できる」とわかっている仕事には、どれだけ熱心に誘われても乗らないようにしています。軽い気持ちで、口笛を吹きながらできるような仕事はしないと決めているのです。

たとえば今、「あたらしい雑誌をつくってください」と言われても、「おもしろい本屋をつくってください」と頼まれても、申し訳ないけれど断ってしまいます。だってそれなりに経験もあるし、できてしまうでしょうから。

おろおろできない仕事は自分への投資になりませんし、なんといってもおもしろくありません。知らなかったことを学ぶことも、あたらしい経験に身を委《ゆだ》ねることも、それによってまだ見ぬ自分と出会うこともできない。そんな仕事に時間を費やすのはもったいないなあ、と感じてしまうのです。

もしかしたら、僕のことを近くで見ている人たちにとって、松浦弥太郎とは「裏切る存在」かもしれません。本屋をつくり、『暮しの手帖』に9年間身を投じ、「松浦は紙文化が好きなのだろう」と思っていたら、いきなりITの世界に入って、スタートアップのチャレンジやデジタルコンテンツを学び始める。そんなことの繰り返しなのです。

でも、こういう予想がつかない仕事の変化こそ、僕自身の楽しみ。働くことをやめるまで、こうありたいものです。

たとえ自分がどのようなことで貢献できるかわからなくても、そこに身を置くチャンスを与えてもらえたら、よろこんで乗ってみましょう。

不安になるでしょうが、大丈夫です。「この人にやらせてみたらおもしろいんじゃないか？」と思ってくれた人がいるなら、それを信じてみましょう。おろおろしながら必死になって学べば、きっと期待以上のものを返せますし、自分も成長できますから。

「おろおろできるか」

これを意識して飛び込んでみるだけで、きっと、おもしろい未来が待っていますよ。

僕は今日も、めちゃくちゃおろおろしています。

「学びきる」ことの価値

知人の経営者がこんなことを教えてくれました。

「収入を10倍に増やすということは、ただ10倍の努力をするということではなく、あたらしいやり方を10倍取り入れることだ」

これには目からうろこが落ちました。

これまでのやり方や考え方をアップデートしないまま、ただがむしゃらに努力しても、がんばった気にはなっても実際は学びが少なくて、たいした結果は出ない。これは収入だけの話ではなく、あらゆる仕事の成果にも言えることだと思います。

もし本当に目を見張るような結果を出したいのであれば、それまでやったことがないようなあたらしいやり方に果敢に挑戦してみる必要があります。そのあたらしいやり方を何十も考え抜くことです。

ひらめきはもちろんのこと、アドバイスされたことも、本で読んでハッとしたことも、吸収したことをとにかくやってみる。もし試してダメだったら「これはうまくいかないんだな」とすぐに切り替えて、次の挑戦に目を向ける。

こうした大胆な試行錯誤と学びを重ねて、ようやく、目に見える成果としてあらわれるものです。

プライドや固定観念を捨てて、素直な気持ちで動きつづける。試しつづける。できる限り精一杯やる。これは言い換えると、「学びきる」ということです。ただ学ぶのではなく、「やりきる」という覚悟がポイントですね。

第1章では、「わかった」という感覚を得られるまで同じものにどっぷり浸かってみようという話をしましたが、同じことです。何かひとつを学びきることほど、価値の大きな投資はないかもしれません。

とくに仕事で言うと、学びきったときには、不思議と必ず次の学びが用意されているものです。そのときはまた、精一杯学びきる。人生はこれの繰り返しです。

「学びきれば必ず次の学びが用意される」ということは、学びきれない人には「次」がないということでもあります。もっとやりがいのある課題、高いハードル、自分を磨くテーマがあらわれない。自分に投資できず、現状維持のまま時間が過ぎていってしまうのですね。とにかく、次に学ぶことが見えてくるまで、学びきる。

「次は何を学べるだろう?」と期待できる働き方は、自分に投資をつづけられる生き方です。

常に好奇心を持って周りを見回し、学びのチャンスがあればよろこんで享受《きょうじゅ》し、やりきる。そうすることで、投資の輪が回っていくのです。

経営者目線になってビジョンを持つ

これまで、たくさんの企業と仕事をしてきました。老舗出版社から最先端のIT企業、アパレルや小売りまで。いずれも声をかけていただき、自分に期待された課題に新しいチャレンジを感じてご一緒させていただいたのです。

自分でえり好みしたわけではないのですが、幸いなことに、僕がかかわってきた企業はいずれもすばらしい企業でした。では、どんな企業が「すばらしい」企業か。

僕は、明確なビジョンを持っていることだと考えています。

ビジョンがある企業は、どんな社会をつくりたいのか、社会にどんなインパクトを与えたいのかといった志がはっきりしていて、その実現に向かって邁進《まいしん》しつづけています。

たとえばGoogle、Amazon、Facebook、Apple。誰もが耳にしたことがあるであろうＩＴ企業４社は「ＧＡＦＡ」と呼ばれ、世界を舞台に大きくビジネスを展開しています。

しかし彼らは、マネーゲームを仕掛け、一攫千金を狙って成長したわけではありません。創業からずっと、明確なビジョンを持っていました。もちろん各社それぞれのカルチャーや業態に根ざしたビジョンはありますが、４社ともに共通している部分もあります。

それは、「自分たちの力で世の中をもっとよくしたい」という、大きな、誠実な思いです。決して「成功してお金持ちになりたい」といった小さな野心が原動力ではありません。大きな、誠実なビジョンを胸に、歯を食いしばって苦境を乗り越え、力を合わせて必死に働いたから今の成功がある。それこそ「情熱」と「行動力」、そして「我慢」を貫いてきたからこそ、なのです。

経営を担っているトップは、自分たちが取り組んでいる事業やひとつひとつの選択がビジョンと一致しているかを、ずっと考えています。その点について誰よりも考えているから、組織の中で意思決定者の役割を担っているとも言える。

それこそ、この会社はこれからどのような「投資」をするか（あたらしい工場を建てよう、たくさんの人を採用しようなど）、常に未来を見据えながら長期的に物事を判断しています。みなさんが、元気でいられる未来のために今日はどんな食事を取ろうかと考えるのと同じです。

とはいえ、ビジョンはトップだけが考えればいいものではなく、そこで働く社員たちも考えるべきことです。しばしば「経営者目線を持とう」と言われるのは、ビジョンを見据えようということなんですね。

自分が所属している企業のビジョンと、自分が追われている目の前の仕事にズレがないかと考えるのは、それなりの意識の変化が必要です。おそらく、そう簡単なことではないでしょう。

それでも、自分が任されている業務にきちんと誠実にコミットして、それがビジョンを達成するためにどんな役割を担っているのかを考えつづければ、いつか必ずその一致、あるいは不一致が見えてくるでしょう。

そうして経営者目線を持てるようになれば、仕事とより深く、いい関係を築くことができるのです。

ビジョンを掲げ、それをもとにこれからの方針を決めるのは企業だけではありません。僕たちも同じです。個人の場合、「コンセプト」と言い換えてもいいでしょう。こういう人間になろう、こうやって生きていきたいという「状態」を指す言葉です。

世の中に貢献したい。人の役に立ちつづけたい。仕事で笑顔を増やしたい。あたらしい文化を根付かせたい。技術革新を起こしたい。仕事もプライベートも充実させたい、周りの人に親切にしたい。

自分が大事にするビジョンやコンセプトをしっかり定めていれば、迷ったとき、困ったとき、それが大きな指針になるはずです。

世の中には、収入を上げるために転職しようと考える人もいるでしょう。しかし、僕は収入のためだけに業界や職種、企業を選ぶのは、あまりセンスのいい選択ではないと思います。

なぜならそれは、リスペクトのない行為だからです。お金のためだけに自分のビジョンやコンセプト、価値観に合わない場所に行くことは、その企業にとっても、その企業と誠実に向き合っている人にとっても、その企業の顧客にとっても、とても失礼なことです。

何より、お金基準で働く場所を決めることは自分自身を偽ることでもあります。初めはいい収入に満足していても、いずれ、そこにいる意味を見失って苦しくなってしまうでしょう。そもそも、コンセプトが合っていない場所では人は活躍できないものです。評価されず、結局はそれ以上の収入も得られなくなる。

収入の多さだけに惹《ひ》かれ、ビジョンやコンセプトに共感できない会社に勤めることは、結果として周りも自分自身も不幸にするのです。

その会社の目指す未来をリスペクトでき、さらに自分のビジョンやコンセプトとカチッとはまったとき、初めて精神面も金銭面も満たされて活躍できるということを忘れずに。

仕事で得た対価は仕事に再投資する

僕自身は今、対価（ギャランティ）に関して、欲をまったく持っていません。最低限、自分の望む生活ができるだけのお金があればいい。「もっと、もっと」という気持ちはみじんもないのです。

ですから、どんな仕事でも対価の大きさで選ぶことはありませんし、「これだけの一流企業相手に、これだけ社会的な影響の大きい仕事をしたのだから、これくらいはもらえるだろう」とソロバンを弾いたりはしません。自分の仕事に対して、それなりに、まっとうな対価を支払ってもらえれば満足です。

じつは、ひょんなことからお金の話になったときに「えっ！　松浦さん、こんな金額でよく引き受けましたね」と驚かれることもよくあります。でも、僕にとって違和感のない対価であれば、それで構いません。僕にとって、というのは、おそらく一般的な感覚とかけ離れていないと思います。

自分がもらう対価を決めなければならないときも、「これは対価として本当に適正か？もっとお金がほしいという欲が乗っかった額ではないか？」と問うようにしています。

たしかに、真心を込めて期待に120パーセント応える仕事をしようと考え、努力はします。その対価を高く設定することもできるでしょう。

けれど、一方で「自分など、たかが知れている」という冷静な感覚も持っているのです。自分が、一般的な額の何倍も、ときには何十倍ももらうのは、なんだかおかしいのではないかと。

周りの人がどう思っているかはわかりませんし、聞くこともありませんが、僕自身がそんな姿勢だからこそ「これをやってみませんか?」「ちょっと助けてくれませんか」と、いろんな方から声をかけていただけるのかもしれません。

そしてもうひとつ、僕は「対価をどう投資するか」も常に意識しています。「仕事で得た対価の何割かは、仕事に投資する」。この意識を持つだけで、仕事の質は大きく変わってくるでしょう。

僕が初めてお金をもらって原稿を書いたのは、航空会社の機内誌でした。

それまでもさまざまな雑誌やフリーペーパーに寄稿していましたが、とはいえ当時の本業は本屋。プロの書き手ではありませんでしたし、店の宣伝にもなるからと、ほぼ無償で受けていました。そんな僕の文章を機内誌の編集部の方が見つけて気に入ってくださり、連載を持つことになったのです。

その連載は、旅を愛する僕にとって、とても刺激的な仕事でした。たとえば、ある月はフランスに行き、現地を取材し、自分が感じた魅力を文章にまとめる。次の号ではメキシコに行き、また取材して文章を書く。そうして対価をいただく仕事で、連載中、さまざまな国や地域を訪れました。

編集部の経費で世界中を旅できるわけですから、「いいですね」と言われることも少なくありませんでした。ある部分ではそのとおりなのですが、旅行者のようにただ世界中を渡り歩いていたわけではありません。

とにかく、徹底的に、「準備」に投資していました。

どういうことかというと、先ほどの例（フランスやメキシコ）でいうと、フランスの記事で得た対価のおよそ半分は、メキシコのリサーチに使っていたのです。

現地にまつわる本を読み、歴史を学ぶ。写真集を探し、自分が魅力的だと思う場所を探す。映画や音楽にどっぷり浸かる。現地の工芸品を取り寄せてみる。その国の料理の店に足を運んでみる。カルチャーに詳しい人がいれば、話を聞きに行く……。

そうして、前の仕事で得たお金を惜しまず使い、万全の準備をして、次の仕事へと向かっていました。

仕事で得た対価は、次の仕事に思いきり投資する――これが当時から、僕のやり方でした。割合で言うと、半分ほどでしょうか。せっかく得た対価なのに、もったいない。いつまで経っても好きにお金が使えないじゃないか。貯金だってできないだろう。そう感じるかもしれません。

しかし、このお金と時間の投資があったからこそ、自分ならではの切り口を見つけられ、ほかの人が書けないようなアウトプットができました。結果、駆け出しの自分は、当時、多くの書き手たちが憧れていた機内誌で連載を持つことができたのだと思います。

それだけではありません。

読者にもっと読みたいと思ってもらえたし、編集部の人にもよろこんでもらえた。松浦弥太郎という視点を発揮することで、たくさんの人と出会うことができ、おもしろい仕事を任せてもらえるようになった。

そして「職業　松浦弥太郎」になることができた。

これ以上のプラス対価があるでしょうか？

仕事で得た対価を次の仕事に再投資する大切さは、どんな職業でも変わりません。どんな再投資をすればいいか、どれくらいのスパンで成果が出るかは仕事の内容にもよりますが、投資しつづければ必ずリターンが発生するはずです。

仕事への投資は、マイナスになることはありません。とにかく、先の仕事に活きる学びにお金を使うことは、とても質のいい投資なのです。

仕事で仕事を育てていく。ぜひ、この意識を持ってみてください。

仕事は「直前の15分」で余裕を持たせる

仕事の場での「時間の投資」で、ひとつ、僕が習慣にしていることがあります。

それが、「直前の15分」。

打ち合わせでも、会議でも、商談でも、次の仕事の15分前から準備を始めてコンディションを整えるのです。気持ちを切り替え、その仕事にぐっと集中するために、この時間は欠かせません。どれだけ前日までにしっかりと予習や準備をしていても、その「直前の15分」を投じるのと投じないのとではパフォーマンスがまったく違います。

まず、シンプルに時間に余裕があることで、思わぬアクシデントにも対応することができます。

どれだけ自分が用意をしていても、予期せぬことは起こるものです。電車が遅れる、忘れ物をして家に帰る、集合場所を間違える。

そんなとき、ギリギリで行動していたら焦ってしまい、さらにほかのミスを誘発してしまいがちですが、15分間の余裕があれば慌てずに状況判断ができます。常に100パーセントの力で仕事をするためには、アクシデントが起こるのなんてときどきだからいいだろうと気を緩めず、常に備えることが大切なのです。


この15分があることで、感情を凪《なぎ》に戻すことができます。

日中、気づけば仕事が詰まっていて、打ち合わせのあとにすぐ会議、それが終わったらすぐにアポイント、といったタイトなスケジュールをこなすことも多いのではないでしょうか。とくにオンラインミーティングが当たり前の時代になった現代、その傾向に拍車がかかっているように思います。

こうしたスケジュールで動いていると、たとえ前の仕事でいやなことがあってイライラしていても、そのまますぐに次の仕事に入らなければならないでしょう。しかし、ネガティブな感情を引きずったままでは、いい仕事はできないものです。

だからこそ心を整える時間が必要なのです。気持ちに整理をつけ、感情的な自分を落ち着かせ、フラットな状態に持っていきます。

僕もいまだに、この15分に助けられることがよくあります。先日もある打ち合わせでいやな気持ちになり、少し雑な言葉を使ってしまったと反省したことがありました。でも、すぐに別の打ち合わせが入っている。こんな気持ちで参加しても、またよくないことが起こるだろう。

そんなとき、この15分をあらかじめ設定しておけば、その時間ですっきりとリセットできます。実際そのときも、「さっきは少し感情的になってしまったけれど、ここでおしまいにしよう」と自分に言い聞かせ、晴れやかな気持ちで次の仕事に向き合うことができました。


僕たちは生身の人間ですし、未熟な存在ですから、ささいなことで小さな怒りがふつふつと湧き出てしまうものです。しかも世の中が不安定だったり、先行きが不透明だったりすると、その傾向はより強まります。2020年以降、未知のウイルスと戦っている社会では、みんなのイライラが蔓延《まんえん》しているでしょう。

そういったイライラは次の仕事だけでなく、時間の使い方やお金の使い方にも影響します。

人間は、自分の内側に生じた小さなイライラを消したい、忘れたいと無意識のうちに思っていて、そのために時間やお金を使おうとするもの。散財したり、飲んだり騒いだりするのもそのひとつです。

しかも世の中にはストレス解消になるビジネスがたくさんあり、弱った心理を狙い撃ちしてきます。スマホのゲームは、その最たるものですね。没頭し、いやなことを忘れられるから、多くの人が膨大な時間とお金を投じてしまうのです。

こうした浪費が必ずしも悪いことだとは言いません。でも、その割合があまりに増えてしまったら、「いいお金の使い方をしている」とは言えないはずです。第2章でも触れましたが、チケットの使い道として相応《ふさわ》しくないでしょう。

だからこそ、もとの自分に戻る時間を投資するのです。それが、15分。

イライラは、できるだけその場で解消してしまう。そんな意識を持つだけで、次の仕事だけでなく、時間やお金の使い方までもうまくいくのです。

大きなリターンを辛抱強く待つ

今は、過去に類を見ないほどスピードを求められる時代です。最短距離がもてはやされ、もっと速くと駆け足で生きている。すぐに結果が出なければ焦りますし、他人に対しても辛抱ができないのです。

けれど、「待つ」ことは大切です。そして待てる体力が必要です。

金融投資で活躍されている、ある年輩の投資家は「待てない人はまず成功しない」とおっしゃっていました。「作物、人、人間関係――いずれもしっかり育てるためには、『待つ』必要があります。日常生活でも、病気の治療や問題解決など、自分にできる限りのことをしたらあとは待つのみ、ということは少なくない。待たずに急げば、失敗するのです」と。

そもそも価値のあるリターンを得ようと思ったら、時間がかかるものです。それは仕事でも、自分への投資でも、金融投資でもまったく同じこと。時間と成果は比例する、と言っていいでしょう。大切なのは、「大きなリターンはすぐには返ってこない」と理解していることです。

この時代、多くの人が急いでリターンを得ようとしています。すぐにわかる、すぐに効く、すぐに結果が出る。このような言葉があふれ、みんなが我先にと飛びつきます。しかし投資の原理原則からすると、そんな「おいしい話」はありえません。辛抱強く待ちながら、投資しつづけるしかないのです。

これは、「小さな石を投げつづけること」とも言えます。

僕が今こうして「職業 松浦弥太郎」でいられるのは、いろいろなご縁や運に恵まれたこともありますが、それも20代後半からたゆまず世の中に発信しつづけていることが理由のひとつでしょう。原稿料がなかった時代も、いただけるようになってからも、まったく無名の時代も、僕の文章を楽しみに待ってくださる方が増えてからも、変わらず淡々とエッセイを書きつづけてきました。小さな石をずっと投げつづけてきたのです。

「松浦弥太郎」として働きつづけられたのは、その小石が誰かに届いたから。ひとつのことをやりつづけ、静かに待っていたら、たくさんのお声がかかるようになったと言えるでしょう。

夢、あるいはビジョンを実現したいときは、焦らないことです。すべきことをしたら、じっと待つしかない。

ただし、その待っている間に収入がなければ干上がってしまいます。そうすれば、待つこともできなくなり、夢も実現できなくなる。

だから僕たちは、いわば「待つために働く」のでしょう。大きなビジョンや夢にじっくり腰を据えて向き合うためには、その「待ちの時間」を生きていくための収入を得なければなりませんから。働いて、収入源を持ち、「待つ」ための資本である体力を蓄え、淡々と努力して待つのです。

自分には、待つ力があるのか。

長いスパンで物事を見る力があるのか。

これはスピードを求められ、スピードが評価される社会を生きているからこそ、大切にしたい視点なのです。

なるべく静かに仕事する

この章の最後に、自分のペースで長く働きつづけるために僕が気をつけていることをお話ししたいと思います。

「目立たないこと」です。

多くの人にもてはやされ、憧れられる。

SNSのフォロワーが増え、注目される。

そんな状態を目指している人も多くいるかもしれませんが、僕は、なるべく目立たないように、話題にならないように仕事をしたいと考えています。できるだけ静かに仕事をするイメージと言いますか、「自分はこんなことをしたんです」とアピールすることなく、「すごいですね」と言われることなく、静かに世の中に存在していたいのです。

ですから、僕が今いったいどんな仕事をしているのか、すべて把握している人は世の中にひとりもいないと思います。「文章を書いたり、メディアを運営したりしているのかな」くらいでしょう。それは、僕自身が口にしないからにほかなりません。ときどき、ある企業の役員になったときにニュースリリースが発表され、それで話題になってしまうこともありますが、まさに「なってしまう」なのです。

なぜ、そこまで頑《かたく》なに自分の仕事を喧伝《けんでん》しないのか。

自分を消費されないためです。一時期の名誉欲や承認欲求、虚栄心にぐらついて自分を大きく見せてしまうと、そう「ありつづけ」なければならなくなるのです。表に出るような仕事が減ると、「もうすっかり出なくなったね」「ピークが過ぎたね」などと好き勝手なことを言われてしまう。

一度目立つと、目立ちつづけなければならない。そういう力学によって、今、多くの人が疲れているように見えるのです。

このようにリスクを重々承知している僕でさえも、ときどき、「この仕事は自分がやったんだ」とアピールしたくなるときがあります。でも、その欲に呑《の》まれてしまうことが、未来の自分を追い詰めることになりかねません。

ですから、たとえ人の集まる場所や会食に行っても、自分の話はなるべくしないようにしようと決めているのです。相手の話を一生懸命聞いて、少しでもお役に立てることがあれば尽力する。

変に自己アピールしなくても、それで充分ご縁はつながっていくでしょう。

目立つことで得られるメリットは、一時的に虚栄心を満たす以外にありません。長い目で見れば、自分の首を絞めることになる可能性が高いのです。デメリットのほうがよほど大きいことを忘れず、「すごいですね」と言われたくなってもぐっとこらえたいものです。

第4章

投資を考えるうえで大切にしたい心がけ

信用を貯め、そのために投資する

前章では、働くことと投資についてお伝えしてきました。

その中で、仕事を受けるときに対価は気にしない、「もっとほしい」と交渉することはないと言いました。

この「何を対価と考えるか」は働き方の話であり、同時に本章のテーマである「しあわせに生きるために必要な自己投資の話」にもつながってきますので、まずはここから入りたいと思います。

お金がほしくないと言うと、格好つけているように思われることもあります。でも、僕が心の底から増やしたいと考えているのは、お金ではありません。世の中からの信用です。「これからの10年で、何を頑張ろうか」と考えたとき、僕はいつも「信用を貯める10年にしよう」という答えに行き着くのです。

なぜ、そこまで信用を重視するのか。

他人から、そして社会からの信用がなければ、人は何もできないからです。人間はひとりでは生きていけません。そして、社会に交わらずに生きることもできません。社会の中で、人と共に生きていく以上、「この人なら大丈夫」と信用されなければ何もできないのです。「信用スタンプ付きチケット」も渡されず、力を貸してもらえず、応援もしてもらえない。機会も与えてもらえないでしょう。

逆に、信用があれば、そのときの実力以上にさまざまな挑戦もできます。投資の観点から言っても、信用を増やすことが、もっともレバレッジが効くわけです。

僕は「世の中からの信用度がゼロ」、もっと言えばマイナスの状態をよく知っています。人並みの学歴もなく、満足な教養もない状態で社会に出ましたから、そこは強く自覚して生きてきました。

現実として、いい大学を出ていたり国家資格を持っていたりすると、それだけで幾ばくかの信用ポイントは得られるものです。僕は、このままでは世の中から信用されずに一生が終わってしまうという焦りを抱えながら、一生懸命に働いてきました。

ただし、信用される人間を目指すと言っても、正規のルートや「こうすればいい」というわかりやすいノウハウがあるわけではありません。「信用学」なんていう学問は存在しないのです。日々の営みを通して、地道に、コツコツと積み上げていくしかない。

お金の使い方は信用を左右するものです。つまらないことや自分のためだけに浪費している人は、なかなか信用されないでしょう。

また、発言や行動のひとつひとつ――たとえばあいさつの仕方から言葉遣い、ものの食べ方や生活習慣など――は、信用できる人かどうかを判断する要素になります。法やみんなで決めたルールを犯さないなど、社会規範を遵守することもそのひとつでしょう。人に優しく、思いやりを持って接するといったコミュニケーションも大事です。

もちろん、人からの信用を得るためには誰かの役に立つ仕事をすることが欠かせません。まじめに、誰かのために働くこと。期待値を上回る結果を出すこと。仕事で感動を与えること。社会をよくするために働くこと。周りの人を助けること。

信用を積み重ねるためのこうした生き方は、淡々としながらも豊かで、しあわせな日々をもたらします。

僕はこれらを、「いつか自分もこんなふうになりたいなあ」と憧れていた先輩方から学びました。直接何かを教わることはなかったけれど、見て覚えて、自分なりにやってみたという感じです。彼らもまた、「どうしたら自分が世の中や周りから信用されるのか」を一生懸命考えていましたから。

どうすれば信用に足る人間になれるかをよく考えて、日々を過ごしましょう。一朝《いっちょう》一夕《いっせき》にはできませんが、毎日少しずつ信用を貯める。そんな日々を送る中で、しあわせを感じることができるはずです。

やるべきことを、今日も淡々と。

人脈を増やすこと、損得で考えること

「人脈を広げる」。これは、いわゆる投資的な発想を持つ言葉かもしれません。自分に得のある人と知り合い、人間関係を広げていくイメージでしょうか。「どのようにして人脈

を築いているのですか」と聞かれることもよくあります。

けれど僕は、「人脈に投資する」という発想はまったくありません。

まず、もともとお酒も飲みませんし、ゴルフもしませんし、グルメなわけでもありませんから、いわゆる「社交的なおつき合い」が苦手なのがひとつ。交流の場に出向く機会があまりないのです。

そして、世間で言われている「人脈」という言葉をあまり肯定的に捉えていないからというのが、もっと大きな理由です。


僕にとって人脈とは、「頼みごとをしたときに、断らない・断られない人間関係」です。極端なことを言うと、お金を貸してほしいと頼まれたとき、その理由を聞かずとも自分が出せる額なら二つ返事で「いいよ」と差し出すことのできる人です。ただ自分を信用してくれる人、そして自分が信用できる人が、「脈」でつながっている人間関係。

一般的な意味合いよりずいぶん狭く、特別な関係を指しているかもしれません。

そんな人が1000人いたら、たしかにすごいことでしょう。でも、そんなことはありえないのではないかと思うのです。

僕は、友人に「大きなチャレンジをしているから、自分の会社に投資してほしい」と言われたら、できる範囲でよろこんでそうします。それは彼ら、彼女らのことを心から信用し、応援しているからです。もちろん、「自分が困ったときに何かしてもらえるだろう」といった見返りはまったく期待していません。彼らとの関係に損得勘定を持ち込んだことは、本当に一度もないのです。

ここまで思い合える関係は、せいぜい10人程度。いわゆる「人脈」の数にしては心許《こころもと》ないかもしれませんが、それで充分だと思いませんか。

僕の知る限り、企業の社長や資産家の多くは人脈など気にしていません。何万枚と名刺交換をしていても、その「知り合い」レベルの交友関係を誇る人などいないのです。

僕はむしろ、人脈を誇る人は信用を損ねやすいように感じています。一見、多くの人とつながりがある人気者のようですが、みんなどこかで警戒するのでしょう。

なぜかと言うと、特別に人脈が多いのは不自然なことだからです。堅実に仕事をして、自分の健康を守って淡々と暮らしている人が、そんなに広い人脈をつくれるはずがありません。どこかで「人と出会うこと」にメリットを感じ、そこに振りきっていると考えられます。

お金や時間、健康を差し出して、「自分にとって使える人間関係」というリターンを得る。こうした判断を下すのはおかしいと、多くの人が薄々勘づいているのでしょう。

人間関係だけでありません。すべてにおいて「損か得か」を考えて意思決定するようになると、人は信用されなくなります。

人生がおかしくなる最初のきっかけは、物事の判断を損得に委ねることだと僕は思っています。少しでも自分の利益を損ねるようなことはしたくない、周りの人よりもおいしい思いがしたいと必死になることで、心が貧しくなるのです。

自分にプラスのある人とつき合おうとか、うまいこと儲けようとか、誰かを出し抜こうといった考えの奥底にあるのは、「ラクをしたい」という思いです。汗をかきたくない。働きたくない。努力したくない。その究極が、詐欺《さぎ》のような犯罪でしょう。

けれどそういうことに時間とお金と頭を使うのは、「質の悪い投資」です。まったく未来のためにならないばかりか、へたをしたら未来を閉ざしてしまうのですから。

「ラクをしたい人」は、日々の習慣をないがしろにしがちです。毎日を怠惰《たいだ》に過ごし、どこかで一発逆転を狙おうとする。

しかし、人を本質的に変えるのは習慣であり、継続です。

人生をよくしたいと思ったら、自分への投資をつづけるしか方法はないのです。

お金持ちがすばらしくて貧乏が悪いというわけではありませんが、結果的により多くのお金を得る人は、「お金（信用）が集まってくる習慣」を身につけているもの。目先の損得は考えず、大きなビジョンを判断基準としてコツコツといい習慣を積み上げた結果、いわゆる成功をつかむのでしょう。

自分にとって利用価値がある人を増やそうと画策するのは、賢い投資でも、しあわせな投資でもありません。

人脈は広げるものではなく、お互いの関係の中で深めるもの。心から信用し合える人が数十人いれば、それで満たされるはずです。

欲望こそが身を滅ぼす

今までたくさんの人を見てきました。

社会的に成功している人。何をやってもうまくいかない人。

人に好かれる人。疎《うと》まれがちな人。

中には、それまでの人生はうまくいっていたのに、あるとき突然、身を滅ぼしてしまう人もいました。パッと、泡が弾けるように信用を失ってしまったのです。こうした人はあなたの周りにもいたかもしれないし、メディアを見ていて「あの人はどうしたんだろう」と思ったこともあるかもしれません。

そうした失敗は、突き詰めればすべて「悪い欲望」に起因しています。先ほどお話しした損得勘定もそうですが、欲望を抑えきれなくなったとき、人は破滅に向かってしまうのです。

もっとラクして稼ぎたい。できれば得したい。お金が欲しい。

もっと褒《ほ》められたい、いい立場が欲しい。

もっと注目を浴びたい。自分をよく見せたい。

そんな欲望に呑まれてしまったとき、人は社会からの信用を失ってしまうのです。ビジョンなき人生とでも言いましょうか。

欲望のままに行動することは、未来のためになりません。つまり「投資」ではなく、むしろ信用を「浪費」してしまう行為とも言えます。

ですから僕たちは、ずっと欲望と戦いつづけなければならないのです。欲とはそこら中に種が蒔《ま》いてあるようなもので、気を緩めるとすぐに芽を出してしまいます。そんな無尽蔵《むじんぞう》な欲とどうつき合っていくかは、僕たち人間の永遠のテーマと言ってもいいでしょう。

先日、ある方がこんな話をしてくれました。

「人生においては魔の手というものが、いつでもどこにでもあるんです。どんなにお金持ちになろうとも、どんなに成功して立場が変わろうとも、魔の手からは逃《のが》れられない。

どこに行っても、魔の手は必ず自分を見つけてやってくる。その魔の手が一番怖いんです」

この「魔の手」こそ、「少しくらいいいか」という気の緩みや油断であり、欲望でしょう。ふとしたときに誤った判断や行動をしてしまうことを「魔が差す」とも言いますが、心にふっと生まれた欲望がそれまでの積み重ねを一瞬で壊してしまうのです。

悪い欲望に負けないためには、自制するしかありません。欲に呑まれそうになったら、どんな人間になりたいのかという自分のビジョンを思い出し、未来への影響を考え、ぐっと我慢する。目の前に魅力的な選択肢があっても、「これを選んだら、これまでの投資がすべてムダになってしまう」と、踏みとどまる。今、自分は魔の手に捕まろうとしているのではないかと、冷静に判断するのです。

僕も、いまだに欲望に支配されそうになることがあります。この年齢になっても、「もっと自分をかっこよく見せたい」といった承認欲求が首をもたげることがある。そんなときは自分を客観的に見つめ、欲を抑えながら、反省するのです。

とはいえ、それで「自分はダメな人間だなあ」と落ち込む必要はありません。聖人でも何でもないただの人間だから、欲があって当たり前。むしろ、「人間らしくてかわいいじゃないか」と思うのです。

欲望とは、湧いて出るものです。ですからある程度は仕方のないものとして、「ここから先はダメだ」と自分で線を引く必要があります。

感覚や価値観の問題ですから「こうしなさい」とは言えないのですが、「これ以上いったら道を踏み外すな」というポイントを見逃さないことです。ズルはしないとか、周りの人を裏切らないとか、人の足を引っ張らないとか、倫理にもとる発言はしないとか、人によっていろいろでしょう。

いざ悪い欲望が目の前に横たわっているときにしっかり踏みとどまれるよう、日頃から「ここまで」を意識しておきたいものです。

運を味方にする習慣と考え方

ここまで繰り返してきたように、僕は、いい習慣に投資することをとても大切にしています。先の未来の自分を育てることにつながるからというのが一番の理由ですが、もうひとつ、「運」のためでもあります。

しあわせな人生を呼び込むには少なからず運が必要で、それにはよき習慣が必要だと考えているのです。

「正しいことをしていれば、努力していれば、運の力なんていらない。実力さえあればうまくいくはずだ」と考える方もいるかもしれません。しかし、どんなに正しい方法で正しく努力したとしても、運は成功には欠かせない要素なのです。

以前、知り合いの資産家に仕事において成功できた理由を聞いたことがあるのですが、「運がよかっただけです」と静かに答えてくれました。彼のこれまでの実績を見れば、たくさん学び、たゆまぬ努力をした結果であることは明らかですが、それでも運が味方になってくれたからだと彼は言うのです。

たしかに、僕から見ても、その人は運をよくするための習慣や考え方を身につけていました。

では、運を呼び寄せる習慣や考え方とは、どのようなものなのでしょうか。

大前提は、運の存在を信じることです。疑っていては、運だってそっぽを向いてしまいます。

また、運には「幸運」と「不運」があることを知り、その両方を受け入れることも大切です。世の中は常に、バランスという摂理が働いています。いいことがあれば、そうでないことも起きる。ですから僕は家具の角に小指をぶつけるという「不運」に見舞われたときも、「よし、これで幸運とトントンになったな」と考え、よろこんでしまうのです。

そして、運を呼び込むための一番の習慣と考え方は、とにかく前向きであること。何が起きても、すべてを、そのままに受け入れる。これは楽観主義者であれ、ということではありません。あらゆることを受け入れるというのは、いつも最悪のケースを想定し、何が起きても慌てないよう準備を怠《おこた》らないということなのです。

そして、もうひとつ。運のいい人はいくつものプロジェクトを走らせ、忙しく働いています。どんなに成功していても、どんなに資産を手にしていても、運のいい人はいつも何かを始めようと準備し、学び、行動に移している。自分のすべてを投資に回しているのです。

一方で、運の悪い人はひとつのことしか手掛けられず、なかなか次のプロジェクトに投資をしません。だから、たったひとつしかないプロジェクトが窮地に陥ると、慌ててしまう。

要は、自分という資産を分散して投資しておく習慣がついていることで、いざというときにも困らずにすむわけですね。だから運のいい人は、忙しいのです。

幸運を引き込むためには、ひとつのゴールに向かって一直線に進むのではなく、好奇心を失わずに視野を広くして多方面で行動を起こしていくのがよいでしょう。

僕自身、執筆活動だけでなく会社の経営やメディアづくりや商品開発、コンサルティングなど常に忙しい日々を送っています。それぞれの仕事の割合と結果は、毎年おもしろいくらいに変化しています。

じつは、こうした分散の考え方はポートフォリオと言って、金融投資の基本でもあります。楽観的ではいけないところも似ていますね。

運を味方につける習慣や考え方は、あらゆる投資の基本なのでしょう。

ほどよく、休む

学びという投資を大切にしつつ、時間を浪費しないように過ごす。

これはすばらしい習慣ですが、「常に」や「完璧」を求めると疲れてしまいます。大切なのは、メリハリです。

僕自身、自分で決めたルーティンに従って過ごしていて、未来を意識して物事を選択しています。でも、当然ながら、365日そんなふうに過ごしているわけではありません。ふーっと気を休めて過ごす日を意識して設けています。投資を長くつづけるためにも、自分のメンタルを過信しないことが大切です。

そもそも、やる気が出なかったり、休みたいと思うのはごく自然なことです。天気やちょっとしたストレスなどにより、いつも最高のコンディションでいられるわけではありませんから。

僕は、「休みたい」と思うときは気分に抗《あらが》わず、ソファに座り、何もせずにゆっくりと過ごします。ただリラックスして時間が流れるのを感じるのです。

どう休めばいいかわからない方は、「しなければならないことから距離を置く」というイメージを持つといいでしょう。ぼーっと座るのでもいいし、思いきって睡眠を取るのも心身の回復には有効かもしれません。

平均するとだいたい、10日に1日ほどは休養日を取っているでしょうか。その日は自分メンテナンスの日と決め、なるべく予定を入れないようにするのです。案外多いですね、と驚かれるのですが、しっかり自己投資していくためには、それくらいの休養は必要だと感じています。

どんなにメンタルが強い人だって、身体が丈夫な人だって、休みなく走りつづけていれば疲れてしまいます。「まだ大丈夫」と思っても、立ち止まってみると案外疲れていたんだなと気づくことだってあるでしょう。

ですから、投資や学びのことを頭から追い出し、未来のことを意識せずに過ごす日が定期的に必要なのです。心身ともに健康であることが、投資の基本。ここをないがしろにしていいことはありません。

とにかく、自分の心の声に耳を傾けましょう。未来を考えない日をつくることが、未来につながるのです。

娯楽も立派な投資になる

「先の未来に投資する大切さはわかったのですが、趣味や娯楽の時間を過ごすことに罪悪感を持つようになってしまいました」と相談されることがあります。自分の楽しみに時間やお金を投じているとき、「これは時間を浪費しているのではないだろうか」と不安になってしまうのだそうです。本来であればしあわせな時間が苦しみの時間になってしまうのは、よくありませんね。

娯楽に興じることは立派な投資です。

なぜかと言えば、感動を得られるからです。

仕事はアイデアがすべて、とも言えます。今までにない価値を生み出したり、人の心を動かすアイデアこそが、今、もっとも求められているものでしょう。

そのアイデアとは、何もないゼロから生まれるものではありません。感動の記憶を種として、それらを組み合わせて生み出され、花開くものです。新しいアイデアがほしいときには、過去に受け取ってきたたくさんの「感動」が入っている引き出しの中を探り、そこから手がかりを見つけていくのです。

いいアイデアを出すには感動の貯金が必要で、どれだけ多く感動してきたかが仕事にダイレクトに生きてくる。つまり、あなたの心を動かす娯楽は立派な投資となるわけですから、罪悪感を持つことなく堪能《たんのう》してほしいと思います。

たとえば、マンガや映画などのコンテンツで得られる感動は、ストーリーの根幹部分に流れているものがわかったから。その本質に気づけたということは、とても価値あるインプットと言えるでしょう。

散歩するときも、気になるお店に入ってみるときも、あたらしい洋服に腕を通すときも、そこに心が揺れる瞬間があればすばらしい投資になります。

娯楽を楽しむときに大切なのは、「発見しに行こう」という能動的な姿勢です。どんな感動があるのだろう、自分は何に感動するのだろうと好奇心を持って物事に向き合うということですね。僕は、心が動いた瞬間は忘れないように、メモすることが多いです。

そう言えば以前、仕事相手と話しているときに「このハーブティーは二煎目のほうが色が濃くてきれいですね」と言うと、とても驚かれました。僕は純粋に心が動き、「なんてきれいな色なんだろう。この色をどう言葉で表現すればいいのだろうか」と考え、思ったままに口に出しただけだったのです。でも、その方はカップに注がれたお茶を見て「本当ですね。まったく気づきませんでした」とおっしゃいました。

つまりそこには、同じテーブルを囲んでいても、同じハーブティーに感動する人と感動しない人がいたわけです。

小さな感動に気づく力をつけると、毎日がとても楽しくなります。

一方で、感動を探す力は使わなければ鈍っていきます。日々、意識して感性を使い、想像力を持って、世の中のいいところや心を動かされるところを見つけていきましょう。そうして、感動の引き出しを満たしていくのです。

「何を信じるか」を自分で決める

情報があふれる今の時代において、しあわせに生きるためには「何を信じるか」を自分で決めることがとても大切です。また、投資となる「学び」の面でも、インプットは不可欠。情報をうまく使えるか、あるいは振り回されるかで、ずいぶん大きな違いが出るのです。

今、自分が目にしている情報はどれくらい信用できるものなのかを、しっかり判断していきましょう。僕は基本的に、自分が直接目にしたもの、耳にしたもの、体験したもの、そして考えたことしか信じないようにしています。

情報にはいくつか層があります。基本となるのは「一次情報」です。

一次情報とは、簡単に言えば「加工されていない生の情報」です。一般的には、会社の決算や政府の統計などの公式に発表されたデータや指数を指します。公式発表される一次情報は、自分で取りにいく必要があるため注目されにくいのですが、有益な情報が詰まっています。ぜひチェックしてみてください。

また、自分自身が肌で受けとった情報も大切な一次情報です。

たとえばコンビニに行くと、僕はずっと「観察」しています。

商品棚に目をやる。先週まではなかった新商品を見つける。何がブームになっているのか。どんな打ち出し方をしているのか。お客さんはどんな表情をしているか。どんな服装をしているか。レジの人とどんなコミュニケーションを取るのか……。

こうした「観察」は、街を歩くときも電車に乗るときも無意識にやっていて、そのときの気づきを自分の中にストックしています。自分の観察によって受けとった情報は、ほかの人が得ることのできない貴重な「一次情報」なのです。

二次情報とは新聞、テレビ、インターネットなどメディアを通して発信される記事や報道です。言い換えれば、「誰かの意見」という名の情報と言ってもいいでしょう。

二次情報は、一次情報を伝わりやすく加工しているものですから、決して鵜呑《うの》みにしてはいけません。また、二次情報には主張があり、思想があり、意図があるものです。その傾向を知るためにも、この情報は誰が発信しているのかチェックし、どんな意図を持って書かれているかまで考えることが重要です。

ちなみに僕は、インターネット上の情報をほとんど信用していません。

なぜかというと、これまで何度となく、自分の経験や事実と違う情報を目にしてきたからです。まことしやかに語られていることが、てんで的外《まとはず》れなことも少なくありませんでした。画面上の情報がウソか本当かを判断している間に、大切な時間をどんどんムダにしてしまうな、と思うようになったのです。企業のＩＲ（投資家向け広報）や政府の統計といった公式発表以外は、本や人から学ぶようにしています。

そして最後、「三次〝元〟情報」。

もっとも大切な情報で、その正体は自分自身で辿り着いた「答え」です。

今や、テクノロジーの進化によって、「考えなくてもすむ便利な社会」ができあがりつつあります。頭や心を使わずとも、何ひとつ困らない社会。

しかしこれに甘んじていると、みんながアクセスすることのできる「答え」にしか行き着けません。

そうではなく、一次情報と二次情報を収集し、その差異を感じ取り、自分の頭で自分なりの答えを考える。「こういうことじゃないか」という「発見」まで持っていく。「あそこに書いてあったから」という誰かから聞いた二次情報、あるいは手元のデバイスに「答え」を求めず、自分の頭で考えて答えを出す。

そうやって一次情報、二次情報を正しく認識し、整理してその違いを知り、真実を導き出すことで、本当の意味で信用できる情報を得ることができるはずです。

正しくて役に立つ情報とは、誰かから与えられるものではありません。自分で考え、結論づけた「三次〝元〟情報」なのです。

上質な二次情報を取りにいく

メディア等の二次情報は誰がどんな目的で発信しているかよく見極めて受けとる必要があり、鵜呑みにしてはいけないものですが、必ずしも「二次情報＝二流の情報」というわけではありません。

自分が信じる、「ここは」という場で得られる情報には、大きな価値があるのです。

僕は10日に1回、行きつけの床屋に行きます。

あくまでひとつの例ですが、僕にとって、その床屋に足を運んで髪を切ることは、浪費でも散財でもありません。もちろん、お金が有り余っているわけでもないので必死です。

大切な身だしなみでありますが、あくまで、勉強。投資なのです。

この床屋には企業の経営者、いわゆる名士と呼ばれる人、自分の名前で勝負しているアーティストといった、すばらしい人ばかりが来ています。心からリラックスできる場所で、そんな人たちがふと口にする話は、とてもおもしろい。

聞いたこともない経済の話、今起こっているニュースの裏側や当人たちの苦悩、あるいは社会の移り変わりやお気に入りのお店など、そこでしか得られない情報があるのです。これは、とても貴重で、信頼できる、価値のある二次情報です。

こうした学びが得られる場所は、この床屋に限りません。僕は定期的に勉強会などにも参加し、さまざまな業界の方々からプロの知見を得たり、情報交換をしたりしています。一線で活躍されている人の話は、やはり、そこでしか得られない貴重な情報です。

余談ですが、こういった勉強会がおもしろいのは、「まずは自分が提供する」システムでしょう。自分がゲストとして呼ばれ、仕事観やそのとき考えていることについて話す。そうして初めて、次からその勉強会に参加することができるのです。ただ一方的に享受することはできず、周りに学びを提供して初めて学べる仕組みになっているのです。

とはいえ僕は、まだまだ末席の人間ですが。

まずは、一家言《いっかげん》ある人たちがいるリアルな場に足を運んでみることです。そこに集まる情報の質は、やはりまったく違います。

初めは、場違いではないかと気後れするかもしれません。そこにかかる費用に腰がひけてしまうかもしれません。

けれど、明確な目的があるなら、投資する意味は必ずあります。すぐにそのリターンの大きさに気づくことでしょう。何より、尊敬できるすてきな人たちとコミュニケーションを取ることは、とても楽しいことですから。

否定しない、全肯定する生き方

僕は人に対しても、起こった出来事に対しても、否定的に考えることはほとんどありません。すべてを受け入れ、理解し、信じて、認める——基本的に、全肯定なのです。いいことだけ受け入れて悪いことは拒否するのではなく、どちらも同じように素直に、肩の力を抜いて受け入れます。

なぜなら、いいことにも悪いことにも学びがあり、自分を成長させてくれるからです。悪いことも「起こって当然」と開き直って考え、フラットに向き合ったほうが、長い目で見れば自分の人生が豊かになるでしょう。

たとえば、自分が考えたアイデアでも、あとになって「やっぱり違った」と思うことはよくあります。そういうときはただ「ああ、これじゃなかったなあ」と受け入れてあらためる。後悔したり自分を責めたりすることなく、「また考えてみよう」と前を向くだけです。

もし万が一、大切な家族や財産を失うようなことがあっても、僕はどうにかその出来事を肯定的に理解しようと努めるでしょう。もちろん簡単ではありません。けれども、その悲惨な出来事を受け入れ、「試練を与えてくれてありがとう」と感謝する。何かを恨《うら》んだり、誰かに憤《いきどお》っている限り、人は前に進むことができません。与えられた環境や状況に抵抗せず、「では、どうやって生きていこう」と考えたいと思っています。

これは人に対しても同じです。他人に対して「評価」することがないので、優劣の概念もありません。

これは人に言うと驚かれるのですが、自分がマネジメントする立場になっても、チームをつくる立場になっても、「人を選ぼう」と考えたことがありませんでした。ただそのとき周りにいる人を受け入れて、ひとりひとりのいいところを見つけて、仕事を任せる。それだけなのです。

強いて言えば、近くに経験豊富な人がいたら「ありがたいな。助かるな」と思う程度でしょうか。経験がないからダメなわけではなく、「この人にこれを任せたらどうなるんだろう」と、おもしろがってしまう気持ちのほうが強かったのですが（もちろん、いい経験を積ませてあげたいから、失敗しそうなときはきちんと手を差し伸べたりフォローしたりしていました）。


全肯定ということは、「すべてが好き」ということでもあります。すべてのものの、いいところを見つけられる。何が起きようともすべてを栄養にして生きる。これは僕が人生の中で、もっとも得意としてきたことです。

全肯定と言うと「自分には無理だ」「そんな立派にはなれない」と言われる方が多い

のですが、あまり大げさに考えなくてもいいのです。物事のいいところ、好きなところを見つけようと努めれば、次第に全肯定に近づいていけると思います。

すぐに批評してしまう、批判がクセになっている、悲観的になってしまうという方は、少しずつ意識を変えてみてください。

全肯定の姿勢を手に入れると、まず自分の気持ちがラクになりますし、何かあったときも何もないときも淡々と前に進めるようになるはずですから。

僕《ぼく》が考《かんが》える投資《とうし》について

令和3年11月10日　初版第1刷発行

著者　松浦弥太郎《まつうらやたろう》

発行者　辻浩明《つじひろあき》

発行所　祥伝社《しょうでんしゃ》

〒101-8701　東京都千代田区神田神保町3-3

03(3265)2081(販売部)

03(3265)1084(編集部)

03(3265)3622(業務部)

印刷　萩原印刷

製本　積信堂

ISBN978-4-396-61767-7 C0095　Printed in Japan

祥伝社のホームページ　www.shodensha.co.jp